CAISSE GÉNÉRALE DES CHEMINS DE FER

ASSEMBLÉE GÉNÉRALE DU 6 FÉVRIER 1864

Paris. — Imp. Vallée, 15, rue Breda.

CAISSE GÉNÉRALE DES CHEMINS DE FER

ASSEMBLÉE GÉNÉRALE DU 6 FEVRIER 1864

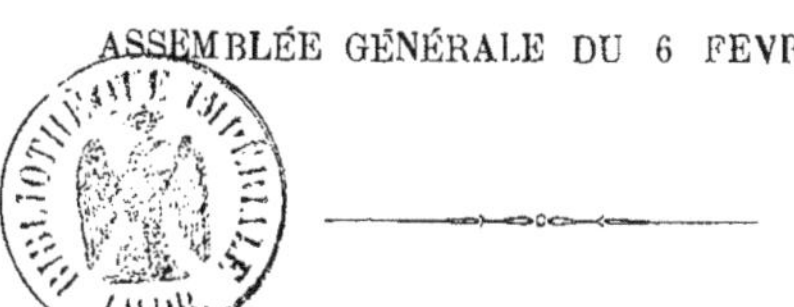

RAPPORT DE M. MIRÈS

PROCÈS-VERBAL DE L'ASSEMBLÉE

RÉSOLUTIONS

PARIS
IMPRIMERIE VALLÉE, 15, RUE BREDA
1864

CAISSE GÉNÉRALE DES CHEMINS DE FER

ASSEMBLÉE DES ACTIONNAIRES

du 6 Février 1864

RAPPORT DE M. MIRÈS

Messieurs,

J'ai ardemment désiré ce jour. Je l'ai désiré par un vif sentiment de l'honneur, je l'ai désiré par un sentiment non moins vif de reconnaissance pour vos sympathies qui m'ont toujours permis d'espérer que je le verrais. — J'ai subi une cruelle épreuve, et elle n'est point terminée. J'ai été condamné, je suis encore accusé, je reste ruiné, ruiné avec cette douleur particulièrement poignante que ma ruine est la vôtre. Mais j'ai toujours cru que l'honneur échapperait à la ruine, et que fort de vos sympathies, je parviendrais à sauver vos intérêts. J'en ai fait le serment en moi-même et devant Dieu, quand j'étais en prison et que ma situation semblait irréparablement perdue. Aujourd'hui, Messieurs, la reconstruction commence. Soutenez-moi comme vous m'avez soutenu, et j'ose vous promettre une réparation complète, et même prompte.

Vous me comprenez, Messieurs. Je ne vous demande et je ne voudrais accepter rien qui dégageât ma responsabilité. Elle doit rester pleine et entière. J'ai fixé, comme vous l'auriez fait vous-même, la condition de votre concours : il ne peut être que la conséquence d'une justification incontestée de ma vie et de ma gestion.

J'en ai fixé aussi la limite, et vous n'avez pas à craindre que je veuille vous entrainer dans des luttes fâcheuses et prolongées. Rien de semblable ne peut se produire. Toutes nos espérances, au contraire, reposent sur un apaisement général par la fin des procès engagés devant diverses juridictions. — On parle beaucoup de mes procès ; mais on ignore généralement que je n'en fais à personne, et que je me borne à me défendre contre les plus étranges prétentions. J'aspire à terminer ceux qui me regardent, je n'en veux pas pour vous. Je méconnaîtrais vos intérêts, si ma conduite ne se pliait pas avec empressement aux tendances favorables dont la récente autorisation de nous réunir est le témoignage précieux.

C'est pourquoi, Messieurs, je jette, non sans quelque regret, je l'avoue, un voile sur le passé. Je ne vous parlerai ni des injures longuement souffertes, ni des pertes subies, ni des perspectives brillantes détruites en un instant. Notre établissement financier prospérait ; nous n'avions patronné que d'excellentes et honorables affaires, et la preuve, c'est que toutes ont résisté à une catastrophe inouïe, inouïe parce qu'elle était imméritée... Passons là-dessus. Vos intérêts le commandent. Laissons le temps apaiser partout et jusqu'en nous-mêmes les colères qui pourraient nous chasser même de nos débris. — Je ne veux vous entretenir que de deux choses : de ma vie, afin que vous sachiez bien à qui vous donnez votre appui ; de notre situation présente, dont la connaissance et la discussion vous appartiennent de droit.

Sur le premier point, je serai court, et je voudrais me taire absolument. Quelque succès qui en résulte, il n'y a guère pour un homme de douleur comparable à celle d'avoir à se justifier. Mais enfin, puisqu'on a dû demander des certificats et qu'ils ont été donnés, de bonne ou de mauvaise grâce, il faut bien les faire valoir. Voici le résultat de l'enquête ordonnée par la justice.

A MONSIEUR LE PROCUREUR IMPÉRIAL.

« M. Mirès n'a donné lieu à aucune plainte.

» La générosité dont il a fait preuve est parfaitement connue ; tout le monde sait qu'il s'est » toujours empressé de faire une bonne action et qu'il a secouru bien des malheureux qui s'é- » taient adressés à lui.

» Bordeaux, le 9 mars 1861.

» *Le commissaire central,*

» CHAUVIN. »

On a passé ma vie au crible. J'ai vécu trente ans à Bordeaux, sans reproche, sous les yeux de mes concitoyens ; j'ai été pauvre jusqu'à quarante ans ; je ne suis pas parvenu à la richesse par une voie illicite ; par une heureuse coïncidence, ma fortune a progressé avec la fortune publique ; j'ai tâché de n'être pas un mauvais riche ; j'ai été ruiné, et plus que ruiné, en un clin d'œil ; mais je ne me suis pas laissé abattre ; la fortune, en se retirant, ne m'a pas emporté tous mes amis ; et enfin, Messieurs, je crois et je veux profondément que ceux qui me gardent leur confiance et leur affection, je crois, dis-je, et je veux que ceux-là ne se trompent pas.

Je passe à l'examen de notre situation.

Nos liquidateurs ayant refusé de rendre des comptes, je suis obligé, pour vous la faire connaître, d'invoquer l'inventaire arrêté au 31 décembre 1860 et approuvé dans l'assemblée du 28 janvier 1861.

Cet inventaire est le point de départ de vos droits et de ma responsabilité.

Au 28 janvier 1861, l'horizon était déjà bien sombre pour nous.

La dénonciation de M. de Pontalba avait provoqué la descente judiciaire du 15 décembre 1860. Aussi des précautions, auparavant jugées peu nécessaires, furent-elles prises.

M. Halbronn, mon cogérant, le secrétaire général, pensant que leur responsabilité morale était engagée, demandèrent à tous les chefs de service, chef de comptabilité, caissier des titres, caissier des espèces, d'avoir à certifier l'exactitude des résultats qu'ils présentaient.

Je crois devoir reproduire cette pièce avec tous ses détails, telle qu'elle résulte des livres. Je dois toutefois faire observer qu'à l'assemblée le solde seul des comptes vous a été présenté; mais les résultats sont en tous points identiques.

Actif — BILAN DE LA CAISSE GÉNÉRALE D

NUMÉROS d'ordre	DÉSIGNATION DES COMPTES		SOLDE DES COMPTES Débit		SOLDE DES COMPTES Crédit	TOTAUX
1°	**Espèces, Banque de France, Effets et Coupons à recevoir :**					
	Caisse principale		1.118.271	15		
	Caisse des coupons		46.695	79		
	Caisse de Marseille		435.099	78		
	Economat		1.377	30		
	Banque de France		2.369.471	95		
	Effets à recevoir		1.436.501	25		
	Coupons à recevoir		91.912	06		
	Coupons divers		3.042	80		
	Coupons du portefeuille		287.061	90		5.789.433
2°	**Rentes, Actions et Obligations de chemins de fer, etc. :**					
	Applications (*valeurs en portefeuille*)		15.459.571	67		
	Actions de la Caisse générale des Chemins de fer à placer		2.926 000	00		
	Rentes françaises		2.167.508	08		
	Obligations des Chemins de fer Romains		2.461.920	»		
	Actions des Chemins de fer Romains		38.403.200	»		
	Actions du Chemin de fer de Pampelune		10.199.000	»		
	Versements sur Chemins de fer Portugais		4.000.000	»		
	Actions des Gaz et Hauts-Fourneaux de Marseille		7.200.000	»		82.817.199
3°	**Propriétés Immobilières :**					
	Immeuble rue Richelieu, n° 99		1.500.000	»		
	Id. rue de la Chaussée-d'Antin, n° 26		1.500.000	»		
	Id. Hôtel des Princes		3.000.000	»		
	Réparations Immeuble Hôtel des Princes	296.121 85				
	Passage des Princes	243.522 12				
		539.643 97				
	A Déduire :					
	Dépenses et Revenus Immeuble Hôtel des Princes	12.099 07				
		527.544 90	527.544	90		
	Immeuble rue d'Amboise, n° 4		236.944	19		
	Terrains de Chaillot		1.258.718	19		
	Terrains de Marseille		505.853	53		
	Mobilier		230.000	»		8.759.000
4°	**Propriété du Journal des Chemins de fer et clientèle :**					
	Propriété et clientèle		1.000.000	»		
	Cautionnement du Journal		37.500	»		1.037.500
						98.403.194

RÉPA

Capital social..................

Excédent d'actif et fonds de réserve..............

Ensemble Fr..........

Distribution aux Actionnaires votée par l'assemblée

Actif net Fr..........

NS DE FER AU 31 DÉCEMBRE 1860 — *Passif*

DÉSIGNATION DES COMPTES	SOLDE DES COMPTES				TOTAUX	
	Débit		Crédit			
Capital social					50.000.000	»
Comptes divers :						
Actions des Chemins de fer Romains à placer			34.000.000	»		
Société générale des Chemins de fer Romains			2.315.864	85		
Société anonyme du Chemin de fer de Pampelune			18.856.661	80		
Emprunt de l'empire Ottoman			6.894.682	82		
Société anonyme des Ports de Marseille	2.326.303	28				
Redû sur la souscription au comptant des Actions de Saragosse à Pampelune	89.700	»				
Id. des Obligations Id. à Pampelune	20.700	»				
Id. des Obligations des Chemins Romains	600	»				
Actions des Chemins Romains (Echange et Libération)	64.550	»				
Chemins de fer Napolitains	229.375	78				
Terrains des Champs-Elysées	30.000	»				
Touage de la Saône	101.000	»				
Comptes courants (*Balance au débit*) a	42.651.958	15				
Id. de Marseille	42.497	70				
Id. avec le Trésor	3.983	»				
Ville de Paris	103.926	05				
Liquidation E. Verrue et Cie			632.863	15		
Nantissement Id.	120.907	39				
Applications (titres à racheter)			7.707.781	97		
Reports des Chemins n° 2 (Comptoir d'escompte)			805.000	»		
Liquidation 31 décembre 1860			1.279.318	70		
Id. 31 janvier 1861			7 380.158	65		
Comptant (agents de change)			82.615	95		
Sociétés diverses			103.240	05		
Société anonyme des Gaz et Hauts-Fourneaux de Marseille			160.559	21		
Constitutionnel			14 353	87		
Versements			1.054	»		
Rentes viagères			50.041	65		
Terrains de Chaillot			12.722	44		
Actions à rembourser des Gaz et Hauts-Fourneaux de Marseille			8.700	»		
Obligations à rembourser des Chemins Romains			339.000	»		
Loyers d'avance			52.875	»		
BALANCE AU CRÉDIT	34.911.992	76			34.911.992	76
	80.697.494	11	80.697.494	11		
Effets et Coupons à payer :						
Effets à payer			4.492.902	26		
Coupons à payer			4.036.600	59	8.529.503	05
Excédant de l'Actif :						
Exercice 1860			4.470.720	04		
Fonds de réserve			490.978	69	4.961.698	73
					98.403.194	54

ON

....	50.000.000	»
....	4.961.698	75
....	54.961.698	75
....	2.500.000	»
....	52.461.698	75

Ainsi, Messieurs, notre actif au 31 décembre 1860, s'élevait à 52,461,698 francs 75 cent.

L'inventaire de 1860 a été, comme tous les actes de ma gestion, soumis aux investigations des plus rigoureuses. L'expert Monginot d'abord, ensuite le Tribunal correctionnel, puis la Cour impériale de Paris, et enfin la Cour de cassation, ont successivement examiné le caractère de cet acte si important pour nous, puisqu'il a clos l'exercice de ma gérance. Personne, jamais, n'en a contesté la parfaite exactitude; le seul reproche qui lui ait été adressé, c'est d'avoir fait *figurer au pair* les actions que notre Société a émises, telles par exemple que les actions des Ports de Marseille et enfin les actions de la Caisse générale des Chemins de fer.

Était-ce un tort d'avoir évalué au pair nos propres valeurs? Évidemment non; car dans l'assemblée du 31 janvier 1860, relative à l'exercice 1859, vous aviez décidé qu'une répartition de 30 millions serait faite sur notre capital social, et qu'elle aurait lieu en vous distribuant *au pair* les valeurs de notre portefeuille. Indépendamment de cette considération si judicieuse, il y en avait une autre : c'est que l'évaluation avait été ainsi faite avec votre approbation.

En effet, dans l'assemblée du 31 janvier 1860, en vous rendant compte de l'exercice 1859, je vous ai fait connaître les raisons diverses qui pouvaient justifier le double système des évaluations de valeurs mobilières, soit d'après les cours de la Bourse, soit au pair. Les arguments qui nous conseillaient cette dernière évaluation, vous ont paru décisifs. Je les reproduis dans les annexes de ce rapport et j'y renvoie avec confiance quiconque veut avoir une preuve de plus de la loyauté avec laquelle furent dressés les inventaires qui vous ont été soumis.

Je ne crois donc pas que l'on puisse émettre sérieusement un doute quelconque sur la réalité de notre actif, s'élevant à 52,461,698 fr. 75 c. au 31 décembre 1860. Un inventaire si sévèrement examiné et auquel on n'a pu reprocher aucune inexactitude mérite une confiance absolue.

Cependant les résultats que je signale étant contestés par nos liquidateurs, je dois accumuler les preuves.

Vous savez que le lendemain de mon arrestation, le 18 février 1861, M. de Germiny fut nommé administrateur judiciaire. En financier capable, en homme expérimenté, M. de Germiny voulut connaître quelle était notre situation, et un bilan fut dressé par les soins de M. Izoard, inspecteur au ministère des finances, délégué pour assister M. de Germiny.

Ce bilan soldait par un excédant d'actif de 32,500,000 fr. — Il est essentiel que vous sachiez comment notre actif, qui était de 52 millions passés le 31 décembre 1860, était réduit quelques jours après à 32,500,000 francs.

C'est parce que MM. de Germiny et Izoard avaient fait éprouver à notre inventaire les réductions suivantes :

1° Une réduction provenant de *l'évaluation provisoire des valeurs du portefeuille aux cours si dépréciés du 19 février*, ci,	14,121,000
2° La perte subie et les indemnités accordées, par suite des poursuites judiciaires, pour résiliation des engagements contractés avec la Compagnie du chemin de Pampelune à Saragosse, ci	3,414,000
3° Une réduction, sans cause, consentie sur l'emprunt Ottoman ; ci	1,105,000
4° La perte sur la valeur de la clientèle et du mobilier : ci	959,000
Ensemble	19,599,000
Si à ces réductions j'ajoute l'actif reconnu par M. de Germiny et qui s'élevait à	32,500,000
Nous retrouvons encore notre actif social de	52,099,000

Mais nos liquidateurs prétendent qu'il n'est pas vrai que M. de Germiny ait dressé ce bilan, et ce qui ajoute à la gravité de leur déclaration, c'est qu'ils soutiennent que lorsqu'ils ont été nommés le 4 avril 1861, l'actif était réduit à 7 ou 8 millions.

Cette contradiction a pour moi le caractère le plus grave, puisqu'elle tend à incriminer toute ma gestion et à donner aux inventaires que j'ai eu l'honneur de vous soumettre une physionomie déloyale. Pour vous, les déclarations de nos liquidateurs, si elles étaient fondées, auraient un effet désastreux : faisant peser sur votre gérant la responsabilité des pertes que vous avez éprouvées, elles vous enlèveraient toute perspective, tous droits à une réparation. J'entrerai donc dans quelques détails pour bien établir la réalité des faits et vous permettre de juger, en parfaite connaissance de cause.

Nul n'ignore les difficultés de toutes natures qui se sont élevées entre les liquidateurs et moi, ni les débats judiciaires auxquels ces difficultés ont donné lieu; vous savez aussi, Messieurs, qu'en 1863, j'ai demandé aux liquidateurs qu'ils rendissent des comptes et justifiassent de l'emploi qu'ils ont fait de l'actif qui leur a été livré par M. de Germiny. Ces débats ont été reproduits dans les journaux judiciaires. Devant le Tribunal de commerce, comme je fais aujourd'hui devant vous, je rappelais les résultats de notre inventaire au 31 décembre 1860 et le bilan dressé par M. de Germiny; je signalais les faits et les témoignages qui confirmaient mes allégations. Je ne peux mieux faire que de reproduire ce qui a été imprimé et distribué à près de dix mille exemplaires, sans avoir soulevé une seule dénégation, une seule observation de la part des témoins invoqués.

(Extrait de la *Gazette des Tribunaux* du 3 mars 1863.)

» Pour fixer d'une façon précise ce point si important du débat, je déclare, sans crainte » d'être démenti, que le 22 mars 1861, le bilan dressé par M. Izoard, sous les ordres de M. de » Germiny, et se soldant par un excédant d'actif de 32,500,000 fr., a été soumis à une réunion » à laquelle assistaient :

» M. de Germiny, gouverneur de la Banque de France ;

» M. Izoard, inspecteur des finances, et expert nommé par le juge d'instruction ;

» M. le comte Siméon, président du conseil de surveillance de la Caisse des chemins de » fer ;

» M. le comte de Poret, membre du conseil de surveillance ;

» M. le comte de Chassepot, membre du conseil de surveillance ;

» M. Halbronn, cogérant ;

» M. Van Hymbeck, expert ;

» MM. Castaignet et Petit-Bergonz, avoués.

» Enfin, pour que le tribunal soit bien convaincu de l'exactitude de mon récit, j'ajouterai » une circonstance qui met en relief le chiffre de 32,500,000 fr. comme formant l'excédant » d'actif accusé dans le bilan soumis à cette réunion.

» M. de Germiny ayant dit que ce bilan présentait *un déficit de 17 millions et demi*, M. le » comte Siméon crut que ce déficit s'appliquait aux créanciers de la Société, c'est-à-dire, que la » Caisse des chemins de fer devait aux Compagnies et à ses clients plus qu'elle ne possédait, et » que, par conséquent, le capital des actionnaires était complétement perdu ; il fit alors une vive » exclamation en exprimant son étonnement.

» Mais on lui fit observer que ce déficit de 17 millions et demi ne frappait que le capital » de 50 millions des actionnaires ; que c'était ce capital qui était réduit à 32,500,000 francs ou » 325 par action ; que, par conséquent, cet excédent de 32,500,000 francs était net de tout » compte. »

Après cet exposé, est-il permis d'émettre l'ombre d'un doute sur la réalité de notre actif de 52,461,698 francs, lorsque les poursuites provoquées par M. de Pontalba ont commencé ? Mais cette situation serait bien autrement favorable si l'on prend en considération qu'à cette époque, l'emprunt Ottoman, accueilli avec tant de faveur par le public, faisait prévoir un bénéfice de 92 millions !... Vous savez que sur cet emprunt, la moitié, soit environ 46 millions, revenait à la Caisse générale des Chemins de fer et par suite élevait à environ 1,000 francs la valeur réelle de chacune de nos actions.

Telle était donc notre situation, et telle est la base de nos droits ; il est d'une souveraine importance pour le succès de nos efforts, que nul ne puisse l'écarter ni l'ébranler.

Nous devons d'autant plus insister à cet égard, que nos adversaires, les liquidateurs, continuent à soutenir que notre Société était ruinée, lorsque les poursuites ont commencé. Voici en effet ce qu'ils ont publié en janvier 1863 :

« M. Mirès en convoquant les actionnaires le 27 octobre 1862, avait agi entière- » ment en dehors de nous; nous n'avions donc pas à intervenir et nous aurions vu » avec une profonde et entière satisfaction qu'il fût dans sa volonté et en son pou- » voir d'offrir une réparation réelle à des actionnaires *qui perdent dans une gestion* » *de moins de cinq années la presque totalité d'un capital de* 50 *millions*. »

Ah ! Messieurs, nos liquidateurs tiendraient un autre langage s'ils étaient nos représentants ! Malheureusement ils croient leur devoir engagé à justifier les actes qui ont compromis notre fortune, plutôt qu'à constater nos droits.

Ce n'est pas seulement dans le compte rendu des liquidateurs que je trouve cette déclaration funeste pour nos intérêts.

Chaque jour, devant la justice, par l'organe de leur avocat, nos liquidateurs répètent que le capital social était compromis ou n'existait plus. Cette assertion meurtrière reparaît dans un journal financier dont ils acceptent très-volontiers le concours. Vous pensez peut-être que je ne devrais pas la relever là. Mais le rédacteur de ce journal est en relations de diverses natures avec nos liquidateurs et il nous révèle leur pensée. A défaut des comptes qu'ils nous refusent, la pensée de nos liquidateurs a de l'intérêt pour nous. Eh bien, nous en avons ici le reflet direct.

Mais pour donner au langage de cet organe de nos liquidateurs, son expression véridique, il est utile que vous connaissiez la nature de leurs relations.

Le journaliste en question, Messieurs, est en même temps agent d'affaires. Comme agent d'affaires, il s'est créé une spécialité très-nuisible pour nous. Il s'est constitué le représentant des clients qui ont été liquidés d'office en mai 1859. Il provoque, fait valoir et prévaloir leurs réclamations contre notre Société, et leur procure ainsi des indemnités qui amoindrissent considérablement le fonds social. Cela s'est élevé, en 1862, à 1,694,374 fr., ainsi que le reconnaissent nos liquidateurs. Quel a été le chiffre des indemnités payées en 1863, quel sera celui de 1864? je l'ignore.

Comme journaliste, cet agent d'affaires admire extrêmement nos liquidateurs. Il les célèbre, il les défend et reçoit leurs confidences pour le public.

Lorsque, tout récemment, dans le mois de novembre dernier, j'eus pris la résolution de vous réunir en assemblée générale, vous savez quelles difficultés se rencontrèrent et nous ont ajournés jusqu'à ce moment. L'opinion en était émue, le sentiment du droit protestait dans l'esprit des jurisconsultes les plus éclairés; un seul journal, celui de l'agent d'affaires, approuvait les obstacles que nous rencontrions. Il ne se contentait pas d'y applaudir, il essayait d'y ajouter et de les rendre insurmontables.

Je vous avais adressé, le 10 janvier dernier, une circulaire très-explicite sur la situation qui nous était faite. Il y répondit directement, et c'est là que je trouve la pensée de nos liquidateurs; car cette réponse manifestement inspirée n'est autre chose que leur défense et l'essai de leur justification. Vous la trouverez intégralement reproduite aux annexes. Voici en substance ce qu'elle contient :

L'article combat la convocation et justifie les refus d'autorisation; il modifie et change les déclarations que les liquidateurs ont faites à la barre de la Cour impériale, où ils ont dit qu'il y avait encore environ 50 francs par action à distribuer; il condamne, sans examen, les répétitions si importantes que nous avons à exercer contre la Porte Ottomane et diverses Compagnies; il nie le bénéfice si considérable que présentait l'emprunt Ottoman; il renouvelle enfin l'assertion caractéristique et inévitable que notre capital était presque entièrement perdu lorsque les poursuites ont commencé. J'appelle toute votre attention sur le paragraphe suivant :

» Quant à la prolongation indéfinie de la liquidation, le reproche n'est pas » mieux fondé. La liquidation, eu égard aux difficultés qu'elle présentait, a marché » avec une rapidité merveilleuse, et elle serait bien près de sa fin sans le procès que » les liquidateurs sont obligés de faire à M. Mirès, qui se prétend créancier de ses » actionnaires, quand ses propres livres le constituent débiteur. La prétendue pro- » longation est le fait propre de M. Mirès et ne résulte nullement de la lenteur cal- » culée des liquidateurs. Que ces derniers abandonnent les droits des actionnaires » contre M. Mirès, et bientôt le compte final de la liquidation pourra être fourni. Mais cet » abandon, les liquidateurs ne peuvent le faire. Ils doivent à la justice qui les a » nommés, et à leur honneur, de défendre les intérêts des actionnaires, même contre » la volonté de quelques-uns. — C'est à ce devoir, qui n'admet pas de composition, » qu'ils obéissent. »

Ainsi, Messieurs, je serais l'unique cause de la prolongation de la liquidation! On insinue avec perfidie que si les liquidateurs abandonnaient les réclamations qu'ils ont formulées, la liquidation serait bientôt terminée!... Vous saurez bientôt ce qu'il faut en croire.

Je dois auparavant vous entretenir des réclamations que nous avons à adresser au Gouvernement Ottoman et à diverses Compagnies.

Les liquidateurs, non-seulement dans l'article que j'ai cité, mais dans toutes leurs communications aux actionnaires, soutiennent qu'il n'y a là rien de sérieux; ils ajoutent avec ironie, qu'ils ne s'opposent pas à ce que je fasse des démarches ou des procès pour opérer ces recouvrements.

Comment, je vous le demande, pourrais-je valablement faire une réclamation quelconque en votre nom, lorsque des décisions judiciaires rendues à la requête de nos liquidateurs, m'ont dépossédé de tous droits, ont dissous notre Société et réservé aux liquidateurs seuls le droit d'agir pour vous ?

Ils ont agi seuls; ils ont réglé des affaires si importantes sans tenir compte de mes protestations, sans daigner s'apercevoir que leurs connaissances n'y suffisaient pas, et ils se sont trompés.

Sur leurs erreurs en ce qui regarde l'emprunt Ottoman, voici des renseignements précis :

Cet emprunt fut conclu le 29 octobre 1860, au prix de 53 3/4 pour du 6 %. Il devait être représenté par des obligations de 500 fr. rapportant 6 %, soit 30 fr. par an.

Sur ce prix de 53 3/4, il était alloué une commission de 1 1/2 %, ce qui réduisait le prix de l'obligation au chiffre de 261 fr. 25 cent.

Mais, par un article spécial, il était dit, que quoique les paiements fussent échelonnés sur une durée de dix-huit mois et par sommes égales, l'intérêt dû par le Gouvernement ottoman serait payé sur l'intégralité de l'emprunt, comme si tous les paiements étaient faits. Il en résultait une bonification d'intérêt de 9 mois qui représentait, amortissement compris, une bonification de près de 25 fr. par obligation et réduisit le prix à environ 236 fr. 25.

Or, dans le règlement fait *en novembre* 1861 par nos liquidateurs, ils ont négligé de réclamer le bénéfice de 25 fr. par obligation que représentait cette disposition, et ont payé comptant les 101,800 obligations qu'ils ont réglées sur le pied de 261 fr. 25 l'une; tandis qu'ils n'auraient dû les payer qu'à raison de 236 fr. 25.

Est-ce que, de ce chef, il n'y a pas une erreur matérielle d'environ 2,545,000 fr. Erreur si réelle et si facilement appréciable, qu'il suffira qu'elle soit signalée par une autorité compétente, pour que le Gouvernement ottoman la reconnaisse et la répare.

La seconde erreur commise par les liquidateurs dans le règlement de cet emprunt, c'est l'abandon, sans droit, de 40,000 obligations qui appartenaient à vos gérants et qui eussent profité à notre Société si j'avais été consulté par les liquidateurs.

Non-seulement ces obligations avaient été souscrites ferme par vos gérants, mais en outre le montant de cette souscription était inscrit sur les livres à leur compte; j'étais même débité de la majeure partie des versements relatifs à ces obligations.

Or, mon compte étant créditeur, nos liquidateurs n'avaient aucune excuse pour me priver de cette souscription.

Si provisoirement, et pendant la mission temporaire qu'a accomplie M. de Germiny, il a été fait quelques arrangements avec le représentant de la Porte, il ne faut pas perdre de vue que tout se faisait alors *à titre provisoire* et sauf règlement définitif. Le caractère essentiellement transitoire de l'intervention de M. de Germiny résulte des termes mêmes du jugement rendu à sa requête le 12 mars 1861, par le Tribunal civil.

Je transcris (aux annexes) le résumé de la demande présentée par M. de Germiny; demande que le tribunal civil a homologuée par son jugement du 12 mars 1861.

Le payement ordonné par ce jugement était, je ne saurais assez le répéter, tellement provisoire, que la somme de 2,500,000 francs dont le tribunal autorisait le payement, devait, d'après les termes du jugement, faire en partie retour à la Société.

Au lieu de cette réserve, que les décisions de la justice et la sagesse de M. de Germiny indiquaient, nos liquidateurs ont fait de nouveaux et nombreux payements qui se sont élevés à 1,750,000 francs! Mais, en définitive, ces nouveaux payements, comme l'abandon des 40,000 obligations, devaient être réglés définitivement lorsque le comptes seraient apurés entre le gouvernement de la Porte et les contractants de l'Emprunt. Malheureusement nos liquidateurs n'ont tenu aucun compte de mes droits, de ma qualité de participant direct à l'Emprunt; et malgré mes prières, malgré mes protestations réitérées, ils ont passé outre, sans même me consulter.

La première question qui se présente à l'esprit est celle-ci: Avons-nous le droit de demander au Gouvernement ottoman le remboursement d'environ 2,545,000 fr. payés en trop? Nul ne saurait le contester.

Pouvons-nous judicieusement espérer rentrer dans les 40,000 obligations qui sont dues par le Gouvernement ottoman, et en échange desquelles il y aurait à payer environ 9,500,000 fr.?

Oui, Messieurs, nous pouvons, nous devons espérer une solution loyale pour toute réclamation juste qui sera faite au Gouvernement ottoman. Quant à la somme nécessaire pour solder les 40,000 obligations, elle sera fournie, sans vous coûter aucun sacrifice.

Pour apprécier, comme je le fais, l'avenir de cette réclamation, il faut savoir que l'une des nations les plus honnêtes de l'Europe, celle qui a toujours montré la plus scrupuleuse loyauté dans ses transactions financières avec les capitalistes européens, c'est la nation turque, c'est le Gouvernemen ottoman.

Il faut aussi que vous sachiez que déjà nos réclamations seraient faites, notre représentant serait même actuellement à Constantinople, si je n'avais trouvé des résistances de la part de nos liquidateurs.

Il y a peu de jours, le rédacteur en chef d'un journal des plus influents se disposait à partir pour l'Orient et consentait à se faire auprès du Gouvernement ottoman l'organe de vos intérêts.

La situation personnelle de cet écrivain, les services qu'il a été à même de rendre au Gouvernement ottoman lui assuraient un accueil des plus favorables. Mais hélas! les pouvoirs nécessaires pour accomplir cette mission n'ont pu être obtenus des liquidateurs. Pour se dispenser de donner ces pouvoirs, ils objectent que nos réclamations ne sont pas sérieuses et qu'ils ne veulent pas en être l'écho.

Je crois que cette raison ne vous paraîtra pas suffisante. Et lorsqu'ils ajoutent qu'ils ne s'opposent pas aux démarches que je puis faire, moi qu'ils ont réduit à ne pouvoir rien, vous croirez qu'ils auraient pu se dispenser de cette ironie.

Je contiendrai toutes mes pensées, tous mes sentiments; je me bornerai à vous faire remarquer que cette conduite, ce langage de nos liquidateurs permettent d'apprécier avec quel dévouement vos intérêts ont été défendus depuis bientôt trois ans.

Quant aux autres réclamations, envers diverses Compagnies, je ne puis les préciser; mais, je vous le déclare, elles ne sont ni moins sérieuses, ni moins fondées que celle dont je viens de vous entretenir.

Nos liquidateurs ont fait circuler le bruit, il a été même reproduit dans le journal qu'ils affectionnent, que ces réclamations et l'espérance d'une plus forte répartition, avaient eu un but particulier. Je dédaignerais de répondre à ces insinuations, si elles n'avaient pas pour vous un intérêt direct.

Dans ma circulaire du 10 janvier dernier, je vous disais, faisant allusion à ces réclamations, que la somme que vous aviez à espérer de la liquidation peut s'élever à environ 100 francs par action. Je crois devoir vous fournir la preuve que cette évaluation est très-modérée.

Dans le rapport de nos liquidateurs, il est dit que la somme qu'ils espèrent nous distribuer est de . 6,000,000.

Si à cette somme on ajoute:

1° La créance de M. de Pontalba qui est d'une réalisation très-certaine. 2,200,000.

2° Le produit des réclamations à faire soit pour l'Emprunt ottoman, soit auprès de diverses compagnies, réclamations qui ne seront pas moindres, je l'affirme, de 6,000,000.

On arrive au chiffre de 14,200,000.

Si vous considérez que nos liquidateurs ont en caisse, appartenant à notre Société, environ 19,000 actions, il en résulte que cette somme de 14,200,000 francs serait répartie entre 81,000 actions et représenterait environ 180 fr. par action.

Vous savez qne sur cette somme il n'a été distribué que 20 francs.

Ce résumé vous prouvera, que je n'ai rien exagéré, lorsque je vous disais que nous pouvions encore espérer une répartition d'au moins cent francs par action.

Il me semble, Messieurs, que dès l'origine et en tout, nos liquidateurs se sont trompés sur le sens et le but de leur mandat.

Ils ont sans doute considéré que la liquidation de notre Société ayant été prononcée à la requête de trois actionnaires porteurs ensemble de 40 actions, ce n'était pas un intérêt social qui avait déterminé cette mesure.

Observant que lorsque j'ai été arrêté, il n'y avait ni un protêt, ni une assignation, ni une réclamation ou difficulté quelconque autre que la dénonciation de M. de Pontalba, ils ont sans doute conclu qu'aucune considération commerciale ne justifiait le jugement de liquidation rendu par le Tribunal de commerce.

Cette situation parfaitement connue de nos liquidateurs, dont, l'un M. Richardière avait été adjoint comme comptable à M. de Germiny, a pu faire naître la pensée, que leur nomination ne correspondait pas à l'intérêt de notre Société, mais à une raison supérieure, à l'intérêt de la justice, entendu au sens de l'accusation.

Sous l'empire de cette opinion, ils ont géré et administré sans recourir une seule fois à mes connaissances spéciales ou à mon expérience. Il m'ont au contraire poursuivi durement. Si les liquidateurs avaient cru représenter vos intérêts et les miens, ils auraient certainement, dans une mesure très-légitime, fait cause commune avec moi. S'ils ont agi dans un sens opposé, c'est, je le répète, parce qu'ils croyaient apparemment avoir d'autres obligations à remplir.

Quant à l'appréciation des actes de ma gérance, nos liquidateurs ont suivi le sentiment judiciaire le plus soupçonneux, le plus dur, je pourrais dire le plus implacable. L'âpre langage de leur avocat, Me Hébert, outrait celui des réquisitoires.

Après l'arrêt de la Cour de Douai, il semblait que l'attitude de nos liquidateurs dût changer; mais bientôt se produisirent deux faits qui les maintinrent en état d'hostilité contre moi. Ces deux faits sont : 1° un jugement du Tribunal de commerce en date du 16 juin 1862, qui, sans avoir égard à l'arrêt de la Cour de Douai, a fait revivre les énonciations contenues dans le jugement correctionnel du 11 juillet 1861, par lequel j'ai été condamné à cinq ans de prison; 2° l'arrêt dans l'intérêt de la loi, rendu par la Cour de cassation le 28 juin 1862, qui avait la même signification que le jugement du Tribunal de commerce.

Il est certain que ces diverses décisions étaient de nature à influencer l'esprit de nos liquidateurs. — En définitive, ils avaient été nommés par les magistrats qui condamnaient mes actes. Mais pourquoi, sans utilité pour leur situation, charger un avocat de diriger contre moi des attaques violentes que les réquisitoires mêmes ne contenaient pas, et qui souvent ont soulevé l'indignation des juges?

Sans l'explication que je viens de vous donner, la conduite que nos liquidateurs ont tenue dans une circonstance récente, contre vos propres intérêts, serait incompréhensible.

Il y a peu de jours la Cour impériale de Paris était appelée à statuer pour la première fois, depuis l'arrêt rendu par la Cour de Douai, sur l'unique question qui ait survécu au terrible procès criminel qui m'a été fait.

Il s'agissait de savoir :

1° Si, comme la Cour de Douai l'a reconnu, il y avait eu compte courant entre les clients qui remettaient des titres contre avances et notre Société;

2° S'il était vrai, comme je le soutenais et le prouvais avec les livres, que les titres des clients n'avaient pas été vendus.

J'avais saisi avec empressement cette nouvelle occasion de protester contre les déclarations de l'expert Monginot; j'opposais à ses allégations invoquées par les clients, les dénégations les plus énergiques, je produisais les preuves irrécusables que tout dans l'expertise Monginot était erroné.

La puissance de la vérité est si grande, que si j'avais été seul à défendre vos intérêts, j'aurais probablement triomphé ; malheureusement les liquidateurs, trompés par le faux point de vue où ils se sont placés, n'ont pas cru devoir s'associer à mes efforts; au contraire, il se sont armés contre vous et contre moi de l'expertise Monginot, ils en ont invoqué les termes, ils ont dit que vos gérants avaient été des mandataires infidèles, ils ont affirmé que les titres des clients avaient été vendus; ils ont même indiqué des dates et des chiffres dont nos livres n'offrent aucune trace!

Vous comprenez l'effet qu'ont dû produire de semblables déclarations faites, par des hommes chargés d'un mandat de justice et qui semblent désintéressés dans l'exercice de leur mandat. Sous l'influence de ces déclarations si complétement inexactes, la Cour a condamné votre Société à des paiements très-importants, qui certainement auraient pu être évités si la vérité avait été connue de la Cour.

§ II

J'arrive à la seconde partie de ce rapport; il s'agit de mes débats personnels avec les liquidateurs, et de mes comptes.

Nos liquidateurs ont donc considéré leur nomination par le Tribunal de commerce comme un mandat de justice qu'ils devaient surtout exercer contre moi.

Vous lirez aux annexes la lettre que je leur ai adressée, pour ainsi dire dès leur entrée en fonctions, le 2 juin 1861. — Cette lettre, restée sans réponse, explique bien des choses et fait naître de pénibles réflexions sur la façon dont nos intérêts ont été compris.

A cette époque, j'étais sous le coup d'une accusation flétrissante : j'implorais nos liquidateurs, au nom de la vérité et de l'honneur. Ils gardaient le silence! ils n'excusaient même pas le concours qu'ils avaient apporté à l'accusation dont j'étais l'objet!

En ce qui concerne l'intérêt social, ils ne se montraient pas plus empressés de répondre aux offres de concours qui leur étaient faites en mon nom. Car voici la lettre que mon avoué, M. Petit-Bergonz, leur adressait dès le mois de mai 1861 :

« Je dois maintenir ce que je vous ai écrit : depuis l'arrestation de M. Mirès, tout » a été fait sans son concours et sans sa participation; malgré mes offres réitérées, » aucuns renseignements ne lui ont été demandés.

» Vous me dites que vous ne pouvez admettre l'immixtion ou l'intervention de » M. Mirès dans les opérations que, en votre qualité, vous avez mission et devoir de » diriger.

» Sans discuter pour le moment ce droit, je constate que, d'après vous-mêmes, vous l'avez toujours exercé.

» Signé : PETIT-BERGONZ. »

Ainsi, nos liquidateurs se sont fait une opinion si élevée de leur mandat qu'ils repoussent tout concours de ma part!

Cependant, j'avais essentiellement besoin de connaître la situation véritable d'une liquidation qui se faisait en mon nom et dont j'étais personnellement responsable; je chargeai en conséquence un mandataire, M. Reignier, de se rendre auprès des liquidateurs pour prendre des renseignements nécessaires.

Il fut mal reçu, uniquement parce qu'il se présentait en mon nom; vous trouverez aux annexes la lettre de M. Reignier, qui rend compte de sa mission et de la façon dont il a été accueilli.

Ainsi, tous renseignements m'étaient refusés; mon représentant était éconduit par MM. Bordeaux et Richardière.

Il est vrai qu'à ce moment ils avaient poussé la négligence au point de n'avoir encore aucune comptabilité.

J'étais en prison : la justice avait prononcé contre moi une terrible condamnation ; d'une situation forte et enviée, j'étais tombé dans un abîme plus redoutable que la mort... C'est à ce moment que les liquidateurs ont commencé à me poursuivre commercialement; c'est à ce moment qu'ils ont demandé et obtenu du Tribunal de commerce une provision afin de pouvoir hypothéquer le dernier débris où je pouvais m'asseoir et saisir mes loyers, mon unique ressource pour défendre vos intérêts et les miens.

Ah! Messieurs, que Dieu me détourne de ces aveuglements qui nous font le cœur impitoyable!

Il m'avait semblé que par humanité, le Tribunal de commerce aurait quelques égards pour moi, et que les demandes de nos liquidateurs seraient soumises à un sévère examen, avant de leur accorder la provision qu'ils demandaient. Cette espérance fut trompée : vainement ai-je opposé aux comptes présentés par nos liquidateurs que j'étais créancier, et offert d'en fournir la preuve!

La condamnation fut prononcée, la provision de 1,400,000 francs accordée; bientôt après, nos liquidateurs hypothéquaient ma maison et saisissaient mes loyers.

Cependant, devant la Cour impériale, ils parurent embarrassés de leur succès. Pour éviter que le jugement fût infirmé, ils déclarèrent n'avoir voulu se procurer qu'une garantie ; sur quoi, j'ai moi-même offert de leur donner une hypothèque éventuelle. Et après ces explications, la Cour a décidé que le jugement de provision rendu par le Tribunal de commerce ne recevrait aucune exécution effective.

Quant à la saisie de mes loyers, l'avocat des liquidateurs ayant déclaré qu'ils lèveraient l'opposition, la Cour ne crut pas devoir statuer à cet égard.

Malgré l'arrêt, les explications données, malgré les engagements pris, mes loyers restaient saisis. Il fallut les menacer d'un nouvel appel devant la Cour. Alors seulement j'eus main-levée.

Cet acharnement vous paraît bien étrange, Messieurs. — Vous le comprendrez, lorsque vous saurez le but que nos liquidateurs veulent atteindre : m'empêcher de défendre vos intérêts et m'obliger d'accepter comme arbitre M. Riollet!

Mais ma résistance est absolue à toute décision qui serait prise sans avoir été précédée d'un rapport fait par des arbitres offrant toute garantie d'indépendance.

Pour vous, comme pour moi, je dois éviter à tout prix un nouveau rapport Monginot. Afin d'empêcher un semblable malheur, je ne reculerai devant aucune démarche, devant aucun effort; j'y engloutirai mes dernières ressources!

Vous partagerez mes préoccupations à cet égard. Car si une nouvelle erreur judiciaire, enfantée par un second rapport d'expert, établissait, contrairement à la vérité, soit que j'ai été un gérant déloyal, soit que je suis débiteur de notre Société, alors tout crédit me serait justement refusé, et toutes nos espérances s'évanoueraient.

C'est qu'en définitive notre avenir repose sur le crédit, sur la confiance que j'inspire, crédit et confiance qui ont pour base la constatation d'une gestion probe et honnête. Aussi et sous aucun prétexte, pour aucun motif, je ne peux m'exposer à perdre ce trésor, cet actif précieux; et ne l'oubliez pas, Messieurs, je courrais ce danger, si je commettais l'imprudence d'adhérer à un travail fait par un seul expert dont la situation ne serait pas complétement indépendante, ou qui ne me donnerait pas de complètes garanties sous le rapport des lumières et des connaissances financières.

Un mot maintenant sur les comptes que nos liquidateurs ont présentés au Tribunal de commerce en 1861 et qui ont servi de base à la provision de 1,400,000 fr.

Ces comptes sont au nombre de quatre, et si simples, qu'il suffirait d'une seule journée pour les examiner, les discuter et juger entre les prétentions des liquidateurs et les miennes. Vous allez voir que depuis plus de deux ans j'ai vainement multiplié mes offres aux liquidateurs pour terminer promptement et à votre avantage tous mes différends.

Les quatre comptes sont inscrits sur les livres avec les mentions suivantes :

J. Mirès : *Compte personnel.*
J. Mirès : *Compte spécial.*
J. Mirès : *Compte particulier.*
J. Mirès : *Compte en participation.*

Le premier de ces comptes est en effet mon *compte personnel*, celui dans lequel sont comprises toutes les opérations que j'ai faites depuis l'origine de la Société ; il forme un volume. Il soldait en ma faveur le 17 février 1861 par une somme de	2,155,539 fr. »»
Le second compte *Mirès*, appelé *compte spécial*, soldait en ma faveur le 17 février 1861 pour une somme de	1,755,600
Ensemble dont j'étais créancier	4,711,139

Report. . .	4,711,139 fr. » »
Il y avait en outre à mon crédit, pour ma part dans le bénéfice réalisé sur 101,800 obligations de l'emprunt Ottoman, une somme de 3,333,779 fr. 80. M. de Germiny et M. Izoard, en révisant les écritures, ont réduit ce bénéfice au chiffre de	2,228,209 fr. 08
Ce qui porte l'ensemble de mon crédit à la somme de	6,939,348 fr. 08

Il faut que vous sachiez que, sans respect pour l'œuvre de MM. de Germiny et Izoard, ce dernier article de 2,228,209 fr. 08 a été brutalement rayé, bâtonné sur les livres par nos liquidateurs sans aucune explication.

Le troisième compte *Mirès*, intitulé *compte particulier* est débiteur de 4,921,874 fr.

Ce compte s'applique :

1° A l'achat de 1,000 actions du Dauphiné, pour le compte de M. X.

2° A l'achat de 11,564 actions de la Caisse générale des Chemins de fer, achat opéré en décembre 1860, pendant la souscription de l'emprunt Ottoman, pour combattre : 1° l'influence morale des notes insérées au *Moniteur* les 11 et 13 décembre au sujet de cet emprunt; 2° la descente judiciaire provoquée par M. de Pontalba le 15 décembre.

A l'occasion de ce compte, M. O. de Vallée, premier avocat général, dans ses conclusions, a dit : « Que cette opération avait été de ma part l'acte d'un capitaine de « navire qui, pour sauver l'équipage, jette une partie de la cargaison à la mer. » Cependant, au mépris de l'équité la plus vulgaire, nos liquidateurs mettent à ma charge personnelle le montant de ces 11,564 actions de la Caisse ; ci 4,371,874 fr.

Le quatrième compte intitulé : *Mirès, compte en participation*, qui s'élève à 690,000 fr., est relatif à des dépenses faites pour l'emprunt Ottoman ; dépenses que les liquidateurs mettent encore à ma charge personnelle.

Vous remarquerez, Messieurs, qu'en même temps que nos liquidateurs rayaient, bâtonnaient sur nos livres mon crédit de 2,228,209 fr., relatif à ma participation dans cet emprunt crédit, je le répète, confirmé par les écritures passées sur l'ordre de MM. de Germiny et Izoard, par une contradiction inconcevable, nos liquidateurs mettent à ma charge personnelle des dépenses qui ont été faites précisément pour l'emprunt ottoman !

Il est évident, pour tout esprit impartial, que la vérification, l'examen de ces comptes ne peuvent être longs, et que le résultat ne saurait être douteux. C'est précisément parce que les liquidateurs savent parfaitement qu'un examen des plus rapides uffirait pour condamner leurs prétentions, qu'ils écartent obstinément depuis plus de deux ans mes propositions et offres de faire juger par des arbitres rapporteurs indépendants, leurs réclamations et les miennes.

L'exposé de ces propositions vous permettra d'apprécier la sincérité de nos liquida teurs, quand ils font publier dans le journal qu'ils patronent, que je voudrais obtenir l'abandon de leurs réclamations contre moi, et lorsqu'ils disent, jusque dans le prétoire de la justice, que le seul obstacle à la fin de leur mission, c'est l'opposition que je mets au règlement de mon compte.

Ma première tentative pour obtenir un règlement amiable date du 8 janvier 1862.

J'écrivis aux liquidateurs que je leur offrais de « soumettre l'examen de leurs » prétentions à un tribunal arbitral, qu'*ils composeraient eux-mêmes*, en choisissant » un membre dans le conseil d'administration de chacun des établissements suivants : » le Crédit foncier, le Crédit mobilier, le Comptoir d'escompte, le Crédit industriel. » (Voir aux annexes.)

Pas de réponse.

Le 21 avril 1862, la Cour de Douai me rendait à la liberté; j'offris aux liquidateurs de confier au Tribunal de commerce la nomination de trois arbitres rapporteurs qui régleraient nos différends.

Pas de réponse.

En 1863, je renouvelai la même tentative par l'intermédiaire de M. de Germiny. Rien.

En mai 1863, M. le comte de Poret et M. le comte de Chassepot employèrent vainement leurs efforts pour faire agréer par nos liquidateurs les propositions les plus avantageuses pour la Société. Vous en jugerez par la lettre que j'ai adressée à M. le comte de Poret et que vous trouverez aux annexes.

Voici en résumé quelles sont ces propositions.

Je demandais la nomination de trois arbitres rapporteurs qui auraient été choisis par le Tribunal de commerce parmi les sommités de la finance, et si mes offres étaient acceptées, je déclarais que si les arbitres me trouvaient créancier, je renonçais à ma créance, et que si au contraire ils disaient que je suis débiteur, je payerais sans réduction le montant de ma dette.

Est-ce que ces propositions repoussées par nos liquidateurs ne renferment pas la présomption la plus grande que, d'une part, je suis effectivement créancier de notre Société, et, d'autre part, que les liquidateurs, en rejetant mes offres, montrent qu'ils redoutent l'examen de leurs comptes et de leurs prétentions par des arbitres indépendants?

Ces offres faites successivement par M. de Germiny, par M. le comte de Poret et M. le comte de Chassepot, je les ai renouvelées auprès M. Denière, président du Tribunal de commerce. Ce magistrat consulaire m'a même demandé de lui soumettre un projet de transaction sur les bases que j'indiquais. Je me suis conformé à ce désir. Je renouvelais donc les propositions que MM. de Poret et de Chassepot avaient transmises à nos liquidateurs; je faisais plus encore, j'employais les termes les plus conciliants pour prévenir tout prétexte de refus.

M. Denière a échoué dans sa tentative, comme MM. de Germiny, de Poret et de Chassepot.

Enfin, à la barre de la Cour impériale, le 26 août dernier, je proposais à nos liquidateurs le même contrat.

Devant la justice nos liquidateurs ont persisté dans leur refus; ils ont répété qu'ils ne veulent pour unique arbitre que M. Riollet, attaché en cette qualité au Tribunal de commerce.

Croyez-vous qu'en présence de refus aussi persistants je me sois découragé? Non, Messieurs. J'ai renouvelé mes efforts auprès de M. Riollet lui-même, pour obtenir qu'il s'adjoignît deux autres arbitres. Je n'ai pas été plus heureux. M. Riollet veut rester seul et unique arbitre entre nos liquidateurs et moi. Mes raisons pour ne pas accepter vous sont connues. Vous en trouverez un développement nouveau dans la correspondance que j'ai eue avec M. Riollet et que je joins en annexe à ce rapport.

Inutile d'ajouter que M. Riollet n'a tenu aucun compte de mes protestations; le journal de nos liquidateurs, dans l'article dont je vous ai parlé, annonce même que le rapport de M. Riollet sera bientôt terminé.

Cet insuccès ne m'avait pas plus découragé que tous les autres. A ma prière, deux de mes amis, MM. Grandguillot et Paulin Limayrac, directeur-gérant et rédacteur en chef du *Constitutionnel*, se sont rendus auprès de M. Denière, président du Tribunal de commerce, pour obtenir son adhésion à l'arbitrage loyal et honorable que je sollicite depuis si longtemps.

Ils n'ont pu obtenir de M. Denière, que des offres de concession que les liquidateurs seraient disposés à me faire, si je consentais à un arrangement direct, ou si je voulais accepter l'arbitrage de M. Riollet. M. Denière a ajouté que l'opinion publique m'était si favorable qu'elle approuverait les concessions qui seraient faites, quelque larges qu'elles fussent.

Oui, les concessions seraient larges pour mes intérêts personnels! Mais sachez, Messieurs, que la première base de l'arrangement qui, dans ce cas, aurait lieu, serait de faire constater judiciairement que notre capital était perdu lorsque les poursuites ont commencé; ce qui serait la négation de vos droits à une réparation.

Comme je ne veux laisser aucun doute sur mes déclarations, je crois devoir publier aux annexes la lettre, qu'à cette occasion, j'ai adressée à MM. Grandguillot et Limayrac.

Est-ce que cet exposé me laisse un tort quelconque dans le retard que mettent nos liquidateurs à clore leur mission?

Est-ce que ma conduite n'a pas été constamment droite? Est-ce que l'histoire commerciale renferme un exemple d'une situation semblable à la mienne? Sans avoir subi ni protêt, ni condamnation, sans créancier, notre actif est remis à deux hommes qui sous prétexte qu'ils ont été nommés par la justice à une époque où j'étais matériellement empêché, ne veulent pas se dessaisir de notre bien et cherchent par tous les moyens possibles à prolonger une mission désormais sans objet.

Maintenant vous êtes fixés sur mes comptes et vous savez les efforts multipliés que j'ai faits au contraire pour en amener le règlement prompt et définitif. Vous savez aussi ce que vous devez croire du langage de nos liquidateurs.

Encore une fois, Messieurs, les points de division sont si peu nombreux qu'une journée suffirait pour tout examiner, tout vérifier et rédiger un rapport qui termine tout.

Voilà le résultat qu'aurait eu l'adoption de ma proposition. En refusant d'y adhérer, nos liquidateurs m'obligent à me défendre contre les erreurs possibles de M. Riollet.

De sorte que le système que je suis obligé de suivre, d'après l'avis de mes conseils, a pour effet inévitable de retarder toute solution, mais permet, il est vrai, à nos liquidateurs de prolonger leur intervention.

Ce système qui m'est conseillé par mes avocats et avoués, consiste à faire défaut devant M. Riollet, à attendre la remise de son rapport et à le soumettre ensuite à l'examen d'hommes considérables et indépendants, afin que le Tribunal n'ait pas pour guide unique le rapport de ce seul expert.

Des débats de cette nature sont nécessairement très-longs, et il est facile de prévoir que la conclusion n'aura pas lieu avant plusieurs années; c'est à quoi se résignent facilement nos liquidateurs; pendant ce temps, ils conservent dans leurs mains notre actif.

Heureusement que, grâce à votre assemblée, grâce aux propositions qui sont soumises à votre approbation, grâce aux commissaires que vous allez choisir, les résistances de nos liquidateurs seront bientôt annulées, et les prétendues difficultés qu'ils invoquent pour justifier la prolongation de leurs pouvoirs seront anéanties.

J'en aurais fini sur ce point si nos liquidateurs n'avaient pas dit à beaucoup d'entre vous, que s'ils ne font pas de distribution, c'est parce qu'ils ont une opposition de ma part.

Je n'ai pas besoin de vous dire que cette objection n'a aucun caractère sérieux, puisque je n'ai cessé de leur offrir une adhésion complète aux répartitions qu'ils vous feraient, pourvu qu'ils consentissent à l'arbitrage que je leur ai si souvent proposé.

C'est uniquement dans ces termes que je leur ai fait signifier un acte judiciaire dont ils se servent pour expliquer l'absence de répartition.

Si les liquidateurs disaient toute la vérité, ils diraient que par cet acte je m'oppose surtout à la transaction avec M. de Pontalba et en sa faveur.

Par cet acte, je m'oppose encore à la cession des créances que nos liquidateurs pourraient faire à vil prix.

Enfin, Messieurs, par cet acte, je rends nos liquidateurs responsables de tous paiements qui seraient faits, attendu que, créancier de plus de six millions, j'entends faire valoir tous mes droits.

Tous mes droits ! Est-ce qu'il peut entrer dans la pensée que je les ferais valoir contre vous ? Est-ce que nos liquidateurs qui savent mes efforts, mes sacrifices pour conjurer votre ruine et sauver votre capital, ont pu s'y tromper ? Est-ce qu'il n'est pas formellement dit que cette opposition, toute conditionnelle, n'a qu'un but : obliger nos liquidateurs d'accepter mes propositions d'arbitrage si conformes à l'équité et si utiles à vos intérêts ?

Est-ce que dans une circonstance quelconque nos liquidateurs m'ont vu placer mon intérêt avant le vôtre ? Dieu sait pourtant si mes besoins étaient grands ! Et qui, mieux que ces mandataires de justice, comme ils s'intitulent, connaissait ma situation pécuniaire ?

En effet, nos liquidateurs savent, les livres le leur avaient indiqué, les sommes considérables que j'ai versées à la fin du mois de décembre 1860 et en janvier 1861, après la descente judiciaire.

Ils savent surtout que je n'ai jamais retiré les bénéfices que j'ai pu faire, que ces bénéfices sont restés dans la Caisse sociale ; ils savent que ces bénéfices et la fortune mobilière que je possédais en 1854 avant de succéder à M. Blaise dans la gérance de la Caisse des Chemins de fer, forment les six millions passés dont je suis resté créancier. Nos liquidateurs n'ont pas pu croire les bruits colportés par les passions haineuses qui me persécutent : que j'avais mis ma fortune à l'abri sous le nom de ma femme, que j'avais un intérêt considérable dans les mines du Creuzot, etc. Les livres démentent ces inventions méchantes ; pas un fait, pas un acte ne peut être invoqué pour les justifier, et c'est une vérité que nul ne pourra contester que ma fortune a péri avec la vôtre.

Cette explication me conduit à vous dire un mot du compte de M. de Pontalba, l'auteur de notre ruine.

Par un contraste dont je suis loin de me plaindre, nos liquidateurs, si ardents à me poursuivre, sont pleins de mansuétude pour M. de Pontalba. C'est une suite naturelle du point de vue où nos liquidateurs se sont placés pour accomplir leur mission. Mais sans disputer à M. de Pontalba cette sympathie, vous conviendrez que je dois me préoccuper de son compte. Je vous ferai donc remarquer que M. de Pontalba a été condamné à nous rembourser environ deux millions en août 1862, et que dix-huit mois se sont écoulés sans que la Cour impériale ait statué. — Il est vrai que par contre et pendant ce temps nos liquidateurs si faciles, si indulgents pour M. de Pontalba, ont obtenu contre moi de nombreuses condamnations.

Cette bienveillance pour M. de Pontalba est si grande qu'elle a accrédité le bruit que nos liquidateurs auraient été disposés à transiger avec M. de Pontalba ou madame sa mère, pour environ 400,000 fr. C'est-à-dire, qu'on abandonnerait 16 à 1,800,000 fr. à l'homme qui a préparé, provoqué votre catastrophe ! Nous perdrions environ 20 fr. par action et M. de Pontalba en profiterait !...

Comme moi, vous ne croirez pas qu'une transaction semblable soit possible. Une proposition formelle vous sera présentée, qui assurera la rentrée entière de cette créance.

Je me résume, Messieurs.

J'ai établi d'une façon irréfragable, incontestable, que notre capital social s'élevait, au 31 décembre 1860, à la somme de. . . . . 52,461,698 fr.

Que j'étais créancier de la Société d'une somme de. , . . . 6,939,348

Ensemble. . . . . 59,401,046 fr.

Voilà l'actif dont nous avons à demander compte. Voilà la somme que nul n'a le droit de dissiper impunément. Voilà la base de vos droits et des miens, les points essentiels dont nous ne devons jamais nous écarter. Voilà enfin ce que vos commissaires doivent faire constater pour arriver à la réalisation de mes projets et parvenir ainsi à la conquête de votre capital.

§ III

Comment et par quels moyens pourrais-je parvenir à retrouver votre capital? C'est ce qui me reste à exposer.

Suivrais-je les conseils de beaucoup d'actionnaires qui m'ont offert, les uns de verser 100 fr. par action pour constituer un nouveau capital d'environ dix millions, les autres de m'abandonner les sommes disponibles et les sommes à recouvrer pour former la base d'opérations nouvelles?

Aucune de ces offres ne pouvait me convenir. Il faut que je retrouve et reconstitue votre capital, sans vous demander aucun sacrifice; c'est l'engagement que j'ai pris envers moi, à la face de Dieu.

Comment ferai-je?

La spéculation à la bourse, l'industrie, les travaux publics m'offrent-ils une perspective certaine? Vous ne le penserez pas, si vous considérez que tout est incertain, aléatoire dans ces sortes d'opérations.

Sur le marché des Fonds publics, les affaires sont limitées à quelques valeurs spéciales, qui n'offrent d'avantages qu'à ceux qui dirigent les Sociétés dont ces valeurs dépendent.

Dans l'industrie, quel bénéfice assuré peuvent donner des entreprises soumises aux appréciations d'hommes spéciaux dont les devis sont quelquefois la cause de tant de mécomptes?

Pour les travaux publics, mêmes inconvénients.

L'expérience de ces dernières années vous a montré que les hommes les plus considérables, les plus influents, se sont rendus adjudicataires de travaux d'utilité publique très-importants, et qu'ils n'y ont recueilli aucun bénéfice appréciable.

Vous remarquerez aussi que pour ces travaux comme pour la création d'entreprises industrielles, les banquiers sont responsables de toutes les erreurs des hommes spéciaux chargés des devis, comme des exigences des entrepreneurs; de sorte que la plupart du temps, les banquiers mettent leur honneur, leur avenir et la fortune de leurs actionnaires, à la discrétion de gens dont ils ne peuvent apprécier les études; ils doivent avoir une confiance illimitée en ces hommes de science qui se trompent souvent.

Vous en conviendrez, ce ne serait pas en agissant ainsi que je parviendrais dans un court délai (comme j'ai la prétention de le faire), à reconstituer et gagner votre capital.

Si la spéculation, l'industrie, ni les travaux publics ne peuvent nous venir en aide, à quel système m'arrêterai-je? Évidemment je dois me limiter aux opérations qui n'exigent que du crédit, sans nous exposer à aucune responsabilité, à aucun mécompte.

Dans la cellule de Mazas, où les heures étaient si longues, je ne songeais, je ne réfléchissais qu'aux moyens de sauver tant de familles malheureusement enveloppées dans ma catastrophe. Si, dans ces instants, les affaires m'apparaissaient avec quelques avantages, leurs dangers se dressaient aussi devant moi avec leurs redoutables, leurs terribles conséquences! Et j'étais plutôt effrayé que désireux de rentrer dans cette fournaise qu'on appelle l'activité de la vie. Quand je considérais que toutes nos entreprises avaient été si heureusement étudiées et combinées; qu'elles avaient toutes réussi, et que cependant j'étais prisonnier sous la plus flétrissante accusation, je prenais presque la résolution de m'abstenir, de ne plus chercher que la paix. Mais aussitôt le souvenir de votre confiance en moi et le cruel sentiment des malheurs endurés par un si grand nombre de nos actionnaires, me rendaient le courage et me ranimaient à l'étude.

C'est sous l'empire de ces pensées que je me décidai à ne plus m'occuper que des emprunts d'État. Je voulais devenir l'intermédiaire entre les gouvernements et les capitalistes. Mais, pour atteindre ce but, il fallait qu'un succès préalable vînt m'ouvrir et me faire essayer la voie.

Aussi, dès qu'un arrêt souverain de la Cour de Douai m'eût rendu à l'honneur et à la liberté, je me hâtai de faire passer mes projets dans la pratique.

Vous vous souvenez que, dans le mois de mai 1862, je publiai le programme d'un emprunt de 200 millions sans affectation spéciale. Vous savez aussi avec quelle faveur il était accueilli, lorsque des décisions interdirent aux journaux la faculté de me continuer leur concours, et me firent retirer mon compte par la Banque de France. Cette double mesure eut l'effet qu'on en attendait, et depuis lors j'ai vu se renouveler les luttes judiciaires que je croyais finies.

Actuellement, l'horizon s'éclaircit et semble presque partout favorable aux efforts que je veux faire en votre faveur. Je puis donc me consacrer aux grandes opérations financières qui sont pour moi une pensée favorite, parce que je suis assuré d'y retrouver votre capital sans vous imposer aucun sacrifice, aucune nouvelle chance fâcheuse.

Pour rassurer votre esprit relativement à l'importance des avantages que j'attends, il est utile de vous rappeler que l'emprunt Ottoman, contracté en 1860, donnait un bénéfice de 92 millions; qu'au cours actuel, le bénéfice représenterait plus de 130 millions; enfin, que si l'on m'avait permis de réaliser l'emprunt de 200 millions que je voulais faire en mai 1862, les bénéfices que j'aurais déjà faits m'auraient permis de vous distribuer la plus grande partie de votre capital.

Vous excuserez, Messieurs, le silence que je garde sur les opérations que j'ai préparées, sur les projets que j'ai formés, car leur réalisation pourrait être compromise si je les exposais publiquement, avant que le moment propice ne fût venu, avant de savoir dans quelle limite la liberté de travailler m'est rendue, avant de connaître enfin la nature, l'importance du concours que nous pouvons espérer. C'est pour cela que dans la cinquième proposition qui vous est soumise, la tâche confiée à vos commissaires consiste à faire les démarches nécessaires pour nous assurer un appui équitable; car, ne l'oubliez pas, quelles que soient les probabilités de bénéfices que présentent les grandes opérations financières, il faut pour leurs succès, non-seulement que nous ne rencontrions de la part du gouvernement aucun obstacle, mais encore que son concours nous soit assuré. C'est précisément pour l'obtenir que j'ai tant insisté sur ces deux points :

1° L'existence réelle de notre capital au 31 décembre 1860 ;
2° La perte effective que les poursuites m'ont fait personnellement éprouver.

C'est, en un mot, en prouvant que nous avons subi une perte imméritée d'environ 60 millions, que nous parviendrons à notre but. Le prince qui a mis sa gloire à réparer les malheurs du passé ne permettra pas que sous son règne des milliers de familles aient été injustement ruinées.

Une autre considération, qui n'est pas moins grave et qui certainement exercera sur le cœur de l'Empereur une influence décisive, c'est la situation sociale de nos actionnaires dont, vous le savez, l'immense majorité appartient à la classe populaire.

Songez que sur six mille actionnaires, notre Société en a plus de deux mille qui ne sont porteurs que de 1 à 10 actions, que mille autres possèdent de 11 à 16 actions et que ce placement constituait toute leur fortune, et une fortune si laborieusement acquise!

Ce serait méconnaître les sentiments de l'Empereur, de supposer qu'il sera indifférent pour des malheurs si grands, si nombreux, si imméritès ; et je le dis avec la plus profonde conviction, nos prières seront entendues parce qu'elles sont justes et qu'elles sont dignes des hautes sympathies de Sa Majesté.

Pour rendre plus efficace les démarches de vos commissaires, je soumets à votre approbation la pétition qui sera présentée à l'Empereur lorsqu'elle sera revêtue de votre signature.

N'oubliez pas que, lorsque vos réprésentants auront fait constater la situation effective de notre Société au moment des poursuites, lorsque la vérité tout entière sera connue de Sa Majesté, votre cause alors sera gagnée, et vos malheurs bien près d'être réparés.

C'est à l'Empereur que vous devrez ce résultat, parce que son intervention aura facilité et rendu féconds mes efforts.

PROCÈS VERBAL

L'an mil huit cent soixante-quatre, le samedi 6 février, à 3 heures de l'après-midi,

Les actionnaires de la Caisse générale des Chemins de fer se sont réunis dans la salle du cirque de l'Impératrice aux Champs-Elysées, en vertu des statuts sociaux et de l'article 14 de la loi du 17 juillet 1856, sur la convocation faite par M. Mirès et avec l'autorisation de M. le Préfet de police.

M. Mirès, en qualité de Président de l'assemblée, a ouvert la séance et fait connaître que les actions déposées et les adhésions s'élevaient à 60,200, que le nombre des actionnaires présents à ce moment, 3 heures, était de 962 (1). M. Mirès a ajouté, que la Société ayant en portefeuille 19,000 actions, les titres en circulation s'élevaient à 81,000, que par conséquent l'assemblée représentait les trois quarts du capital en circulation.

M. Mirès appelle à faire partie du bureau les plus forts actionnaires, MM. Cocteau, Tassin, Judlin, Deshayes-Bonneau ; le plus fort actionnaire M. Kohn Reinach, s'étant fait représenter par un mandataire, n'a pu être appelé à siéger.

M. Auguste Vitu est désigné comme secrétaire.

La parole est au secrétaire, qui donne lecture du rapport préparé par M. Mirès; cette lecture est fréquemment interrompue par les marques d'adhésion et les applaudissements unanimes de l'assemblée.

Après cette lecture, M. Mirès communique le projet suivant de pétition, qu'il propose à l'assemblée d'adresser à S. M. l'Empereur.

(1) Le nombre des déposants et des adhérents était de 1,380; quant aux actionnaires présents, le nombre a atteint 1,434.

A Sa Majesté l'Empereur des Français.

« SIRE,

» Des milliers de familles, actionnaires de la Caisse générale des » Chemins de fer, ont été ruinées par suite d'une dénonciation intéressée.

» Cette dénonciation a entraîné la dissolution et la mise en liquidation » de notre Société.

» Notre gérant, M. Mirès, ayant été exclu de la liquidation, les pertes ont » été plus considérables et le capital de cinquante millions qui était intact » a été presqu'entièrement anéanti.

» SIRE, nous venons supplier VOTRE MAJESTE d'avoir égard aux mal- » heurs si nombreux et si respectables enfantés par le procès provoqué » par M. de Pontalba, malheurs d'autant plus grands, que la plupart des » actionnaires n'ont pour tout bien que le capital engagé dans cette » Société.

» Pendant que M. Mirès combat pour une cause si juste, la défense de » son honneur, nous venons vous supplier, SIRE, de lui permettre de dé- » fendre nos intérêts.

» M. Mirès n'a pas cessé de mériter notre confiance, et la liberté de tra- » vailler que nous demandons pour lui, cette faculté qui est un droit pour » tous, notre gérant la considère comme un devoir qu'il s'impose, pour ré- » parer le désastre qui nous a atteints.

» SIRE, c'est au suprême pouvoir d'être la suprême justice, et VOTRE » MAJESTE qui n'a pour inspiration et pour règle que ce qui est grand et » juste, écoutera notre supplication en faveur de notre fortune qu'elle peut » reconstituer d'un signe de sa main puissante.

» Daignez agréer, SIRE, l'expression des sentiments avec lesquels nous » sommes de

» VOTRE MAJESTE,

» Les très-humbles, très-obéissants serviteurs et sujets. »

La lecture de cette pétition se termine aux acclamations générales et aux cris répétés de : *Vive l'Empereur.*

L'assemblée décide que les actionnaires apposeront individuellement leur signature à cette pétition en retirant leurs actions.

Il est donné successivement lecture à l'assemblée des six propositions suivantes :

RÉSOLUTIONS

PREMIERE RÉSOLUTION

Considérant qu'il est essentiel de rechercher quelle était la situation effective de la Société lorsque les poursuites provoquées par M. de Pontalba ont commencé ;

Qu'en effet, les prétentions les plus contradictoires se sont produites sur ce point ;

M. Mirès affirmant que le capital était alors entier ;

D'autres le contestant d'une façon non moins expresse ;

Que cette vérification éclairera les actionnaires sur le degré de confiance qu'ils doivent continuer d'accorder à M. Mirès.

Par ces motifs, l'assemblée ARRETE :

Qu'elle donne aux commissaires, dont il sera parlé ci-après, la mission générale et spéciale de faire constater contradictoirement avec

M. Mirès, par les voies qu'ils jugeront les plus promptes et les plus conformes à l'intérêt social, la véritable situation de la Société lorsque les procès ont commencé ; et de faire sur ce sujet un rapport qui pourra être lu à la réunion la plus prochaine ou être adressé directement aux actionnaires.

DEUXIÈME RÉSOLUTION

Considérant qu'il importe aux actionnaires de marcher le plus vite et le plus économiquement possible vers le terme de la liquidation ;

Que le mode adopté par les liquidateurs pour l'apurement des comptes de M. Mirès est de nature à retarder le moment de la clôture de la liquidation ;

Considérant, en outre, que M. Mirès a proposé, pour le cas où l'on consentirait à soumettre à des arbitres offrant toutes les garanties de lumière et d'indépendance, les questions relatives à ses comptes, de payer s'il est jugé débiteur, de faire remise de sa créance s'il est jugé créancier ;

Que l'arbitrage est une voie plus prompte et moins coûteuse ;

Qu'à la condition de bien choisir les arbitres, cette voie présente toute garantie de bonne justice; que, par exemple, en confiant cette mission à des financiers comme MM. le comte de Germiny, marquis d'Audiffret, Frémy, ou à des jurisconsultes comme les bâtonniers ou anciens bâtonniers du barreau de Paris, on doit avoir toute confiance ;

Qu'il y a dès lors avantage évident, sous tous les rapports, à accepter les offres de M. Mirès;

Considérant que, dans une liquidation, les intéressés sont libres et ont le droit de stipuler pour tout ce qui touche à leurs intérêts personnels; — que chaque actionnaire pourrait faire remise de la part de créance qui lui appartient en propre et, qu'à plus forte raison, il peut déterminer le mode spécial de constatation de cette part; — que cette liberté ne pourrait lui être enlevée que dans le cas où sa résolution entraînerait une lésion quelconque dans les droits de ses cointéressés; — que, dans l'espèce, en choisissant un mode particulier de fixation de leurs droits, consistant, notamment en autant de 100 millièmes dans la créance Mirès contre la

Société qu'il y a d'actions, les actionnaires présents et consentants ne portent aucune atteinte aux intérêts des absents ou des dissidents;

Qu'ainsi la résolution contraire des liquidateurs, en supposant qu'ils y persistent, ne saurait priver les actionnaires présents et délibérants, du droit d'accepter, en ce qui les concerne, les propositions si avantageuses de M. Mirès.

Par ces motifs, l'assemblée ARRÊTE :

Qu'elle délègue aux commissaires qui vont être nommés, le soin et le droit de prendre toutes les mesures nécessaires pour assurer aux actionnaires délibérant les avantages résultant des propositions faites par M. Mirès;

Dans ce but, ils choisiront des arbitres dans les plus hautes positions de la finance et du barreau; ces arbitres seront chargés de vérifier les comptes de M. Mirès avec la Société; de juger s'il est débiteur ou créancier; de fixer le chiffre de la dette ou de la créance; de statuer sur le tout en dernier ressort sans appel ni recours en cassation et comme arbitres compositeurs dispensés des formes et détails de la procédure.

Dans le compromis à passer avec M. Mirès, il sera pris acte de l'offre faite par lui de payer sa dette et de faire remise de sa créance en cas contraire; — et il sera dit que les membres de la présente assemblée entendent, pour ce qui les concerne, profiter des offres faites par M. Mirès, et traiter en ce sens définitivement et divisément avec lui; de telle façon que leurs actions ne soient affectées ni en bien ni en mal, par les difficultés ou par le résultat des instances entamées par les liquidateurs pour arriver au réglement des mêmes comptes.

TROISIÈME RÉSOLUTION

Considérant que M. Mirès allègue que des erreurs ont été commises dans la liquidation et qu'il peut obtenir des redressements avantageux et considérables ;

Qu'il est utile, à cet effet, de lui donner pleins pouvoirs;

Que les liquidateurs devraient se joindre aux commissaires de l'assemblée pour donner à M. Mirès des pouvoirs analogues, puisqu'il offre de faire tout ce qui est nécessaire à ses propres frais, et que par conséquent l'usage de ses pouvoirs ne pourra engager la Société, mais devra, au contraire, toujours tourner à son profit;

Par ces motifs, l'assemblée ARRÊTE :

Les commissaires ci-après nommés devront seconder M. Mirès dans tous les efforts qu'il fera pour obtenir des tiers tous recouvrements ou redressements profitables, ou des arrangements plus avantageux; ils pourront lui donner, à cet effet, tous pouvoirs; étant bien entendu que M. Mirès devra agir à ses frais, et sans que la Société puisse encourir aucuns risques ou responsabilité; les commissaires devront solliciter, de la part des liquidateurs, les mêmes pouvoirs pour M. Mirès : au besoin, lesdits commissaires sont autorisés, en cas de refus des liquidateurs, à provoquer leur changement ou leur révocation.

QUATRIÈME RÉSOLUTION

Considérant que la créance sur M. de Pontalba s'élève à environ 2,200,000 francs et forme une partie importante de l'actif disponible;

Que, vu l'importance des actions que la Société a en portefeuille, cette créance représente à peu près 25 francs par action;

Que la fortune de Mme de Pontalba mère est de nature à rassurer sur le recouvrement de cette créance;

Qu'aucune considération ne doit porter à accepter une transaction avec M. de Pontalba, qui est, à bon droit, considéré comme l'auteur volontaire de la chute de la Société;

Considérant qu'une satisfaction doit être donnée à notre Société et à l'opinion publique.

Par ces motifs l'assemblée ARRETE :

Qu'elle autorise les commissaires s'ils le jugent convenable, à intervenir dans l'instance pendante devant la Cour impériale, pour se joindre à M. Mirès et aux liquidateurs dans les débats engagés sur l'appel du jugement du 28 août 1862 qui a condamné M. de Pontalba à rembourser la Société; et leur donne mission spéciale de s'opposer à toute transaction et à toute remise de créance.

CINQUIEME RÉSOLUTION

Considérant qu'il est acquis et certain que la chute de la Société a été pour tous les intéressés un malheur immérité ;

Que toutes les entreprises par elle fondées étaient des entreprises sérieuses, utiles, profitables à l'intérêt général et à l'intérêt spécial de la Société ;

Que chercher honnêtement et légalement les moyens de réparer un malheur, dans la mesure du possible, c'est faire chose essentiellement juste et légitime ;

Qu'il y a lieu de compter pour y parvenir sur l'appui soit de la Justice, soit de l'Autorité, soit même du Souverain ;

Qu'enfin les actionnaires de la Caisse générale des Chemins de fer ont le droit de prendre acte des déclarations de M. Mirès, qu'il est prêt à se dévouer, sans limites, à cette œuvre de réparation.

Par ces motifs, l'assemblée ARRETE :

Les commissaires par elle nommés devront se concerter avec M. Mirès pour toutes les mesures qui seraient jugées devoir, par un moyen quelconque, conduire aux résultats suivants :

Hâter le terme de la liquidation et la fin de ses litiges ;

Provoquer toute distribution des ressources disponibles ;

Choisir, pour terminer tous procès, celui Pontalba excepté, la voie de l'arbitrage ;

Obtenir les comptes de gestion des liquidateurs, les provoquer, les vérifier, les admettre ou contester ;

Faire rentrer à la Société tout ce qui peut y être ramené ;

Intervenir ou plaider quand ils le jugeront nécessaire ;

Montrer partout que le vœu et l'intérêt des actionnaires sont d'en finir à tout prix, avec les débats judiciaires qui usent le temps et l'argent ;

Solliciter l'appui de l'administration pour toute opération ou Société que M. Mirès se proposera de créer ;

Prendre, d'accord avec M. Mirès, toute mesure généralement quelconque que nécessiterait ou rendrait utile l'intérêt de la Société ;

Utiliser enfin, pour la plus sage réparation que possible des dommages subis par la Société, le dévouement, le concours, l'activité et l'expérience de M. Mirès qui n'a jamais cessé d'avoir la confiance de ses actionnaires.

SIXIEME RÉSOLUTION

La dernière proposition consiste à nommer six commissaires pour l'exécution des résolutions qui précèdent, qui agiront comme corps délibérant à la majorité.

Sur cette proposition, un actionnaire demande que le nombre des commissaires soit porté de six à neuf, afin de pouvoir adjoindre aux commissaires déjà nommés, MM. le comte de Poret, le comte de Chassepot, et M. Halbronn, les deux premiers anciens membres du conseil de surveillance et le dernier ancien co-gérant de la Caisse générale des Chemins de fer ; l'opinant motive sa proposition sur l'estime et la confiance que MM. de Poret, de Chassepot et Halbronn inspirent à l'assemblée et insiste pour que les actionnaires, en leur donnant cette marque publique de leur reconnaissance, fassent un nouvel appel à leurs lumières et à leur concours dévoué.

M. le comte de Poret remercie l'assemblée avec émotion ; « mais, dit-il, » épuisé par l'âge et les chagrins, il craint que ses forces ne le trahissent et » qu'il ne puisse apporter un concours utile à la commission ». M. le comte de Chassepot s'associe aux paroles de M. le comte de Poret ; néanmoins l'assemblée décide par acclamations que MM. de Poret et de Chassepot seront, ainsi que M. Halbronn, adjoints à la commission, qui, par suite, se trouve définitivement composée comme suit :

MM. le Vicomte Ogier d'Ivry ;
Le Vicomte de Peyronnet .
Cocteau ;
L. Bret ;
Le comte de Poret ;

Le comte de Chassepot ;
Judlin ;
Tassin ;
Halbronn.

La parole étant donnée par M. le Président aux membres de l'assemblée, de courtes observations sont présentées par deux actionnaires, dans un sentiment de complète adhésion aux propositions ci-dessus, et de confiante sympathie pour M. Mirès.

Les propositions sont mises aux voix et successivement adoptées *toutes à l'unanimité* et par acclamation.

Après ce vote, M. Mirès prononce les paroles suivantes :

« Messieurs, vos marques de sympathie m'ont vivement ému, mais j'y comptais ; au sein de mes malheurs, et pendant les cruelles épreuves que j'ai traversées, je pressentais l'avenir, parce que ma vie a toujours été dirigée par une religion à laquelle je n'ai jamais failli, c'est la religion du mandat. Si votre confiance m'a toujours soutenu au milieu des dures épreuves que j'ai eu à supporter, l'expression actuelle de vos sympathies me paye largement de ce que j'ai souffert. »

Cette allocution provoque de nouvelles acclamations dans l'assemblée. M. Mirès est entouré par la foule des personnes présentes, qui lui adressent leurs félicitations et lui renouvellent l'expression de leur inébranlable sympathie.

La séance est levée à cinq heures et demie.

ANNEXES

OU

PIÈCES JUSTIFICATIVES

1re ANNEXE

Extrait du rapport à l'assemblée du 31 janvier 1860.

Inventaire de 1859. — Évaluation du portefeuille

« Sur quelles bases notre inventaire sera-t-il établi, pour échapper à la critique? Nous n'avons pas voulu résoudre cette question sans votre participation, et pour remédier en partie aux inconvénients de la nouvelle législation, nous avons devancé l'époque ordinaire de vos assemblées.

» Pour que vous puissiez apprécier nos préoccupations à l'égard de la forme dans laquelle doit être fait notre inventaire, nous croyons devoir vous expliquer les embarras que peuvent susciter ces inventaires, lorsqu'ils s'appliquent à des établissements financiers dont le capital-action se négocie à la Bourse, surtout lorsque ces actions, par leurs nombreuses fluctuations, attirent des spéculateurs qui sont les uns intéressés à la hausse, les autres intéressés à la baisse de ces mêmes actions, dont l'inventaire va fixer la valeur.

» Vous comprenez, Messieurs, combien pour ces Sociétés les précautions doivent être grandes, lorsqu'il s'agit de faire l'estimation du portefeuille, surtout lorsque cet inventaire est exposé à la critique d'intérêts opposés, représentés par la spéculation; intérêts qui éprouveront, les uns une perte, les autres un bénéfice, selon la manière dont les estimations auront été faites.

» Vous pourrez juger de notre embarras pour faire cette appréciation, lorsque nous vous démontrerons que l'estimation des valeurs mobilières présente de telles difficultés, qu'on peut, avec une égale sincérité, estimer ces valeurs plus haut et plus bas. Aussi considérons-nous comme impossible, pour les établissements financiers dont l'actif se compose de valeurs mobilières, la formation d'un inventaire sur des bases qui puissent échapper d'une manière absolue à la discussion.

» Si l'on nous objecte que la Banque de France et le Comptoir d'escompte peuvent faire leurs inventaires sans difficulté, nous répondrons que ces établissements sont limités par leurs statuts au rôle d'intermédiaires; qu'il leur est interdit de s'associer à aucune affaire, et que, par suite, leur actif est toujours représenté par des valeurs à échéances fixes, puisque, lorsqu'ils font des prêts sous une forme quelconque, ils ont la contre-partie en engagements à ordre et escomptables, à une échéance maximum de 90 jours.

» Mais dans les sociétés financières, comme celles qui ont été formées, dans ces derniers temps, dans toutes les parties de l'Europe, et dont la Société de Crédit mobilier a fourni l'exemple, dans ces Sociétés, disons-nous, fondées pour servir d'appui et d'intermédiaire à l'industrie, féconder les travaux publics, et dont la mission spéciale était précisément de s'associer aux entreprises industrielles, l'actif n'est pas représenté par des valeurs escomptables, comme à la Banque de France et au Comptoir d'escompte : cet actif est composé précisément des valeurs représentant les entreprises fondées ou patronnées par les sociétés financières, valeurs qui subissent tant d'influences diverses avant d'arriver à être parfaitement appréciées.

» En effet, les valeurs doivent, pour être justement capitalisées, et être classées dans l'opinion de capitalistes, avoir atteint toute leur puissance, c'est-à-dire représenter des entreprises achevées, en pleine exploitation, et dont les produits sont parvenus à réaliser les espérances qui ont servi de base à leur constitution. La situation plus ou moins favorable du marché est encore un élément qui sert à élever ou à abaisser le niveau des valeurs mobilières sans que la valeur effective y contribue aucunement; les événements politiques heureux ou malheureux, les crises financières, industrielles ou commerciales élèvent ou abaissent les prix des valeurs mobilières, sans que les revenns ou les probabilités de revenus justifient les prix qui sont le résultat de ces événements, tous étrangers aux entreprises.

» L'influence des hommes qui patronnent ces entreprises contribue également à élever ou à abaisser les cours; le degré plus ou moins grand d'avancement des travaux est encore une cause qui les modifie, selon que la réalisation des espérances est prochaine, ou que le peu d'avancement des travaux fait craindre qu'un long temps ne s'écoule avant la réalisation des espérances.

» Lorsque les valeurs qu'il s'agit d'estimer sont soumises à tant d'éléments divers d'appréciation, est-ce qu'il est permis de faire un inventaire qui soit, nous ne disons pas rigoureusement exact, mais seulement approximatif?

» Mais, dira-t-on peut-être, les cours de la Bourse sont la base qui doit servir de régulateur.

» Nous répondrons que jamais base ne fut plus arbitraire, plus erronée ; car les cours de la Bourse ne sont pas des prix régulateurs, mais des constatations de transactions, et rien de plus, puisque ces transactions ne sont précédées d'aucune estimation. Pour les grains et les métaux précieux, il y a une base qui permet d'apprécier leur valeur : pour les grains ce sont les mercuriales, et pour les métaux précieux c'est le titre des monnaies. Pour quelques marchandises, on peut aussi trouver dans la consommation la justification du cours des denrées alimentaires. Mais pour des actions d'une entreprise dont les titres sont nombreux, est-ce que le prix auquel se vendent quelques actions est la détermination de la valeur du capital social? Évidemment non, car il arrive chaque jour que le détenteur de quelques actions ait besoin de les réaliser, et si, dans le même moment, il n'y a pas un acheteur qui ait le désir de faire un placement, il est probable que la vente ne se fera qu'avec une dépréciation, puisque le marché des actions subit, plus fortement que tout autre marché, la loi absolue de l'offre et de la demande.

» Est-ce que le prix auquel cette vente aura été faite sera la représentation vraie de la valeur de l'entreprise d'où émanent les actions vendues? Certes, si le prix de quelques actions vendues à la Bourse et les cours constatés devaient servir de base à l'estimation du capital social, les précautions prises par la loi contre les inventaires frauduleux seraient bien illusoires, car en commettant à un agent de change l'ordre de vendre, et à un autre l'ordre d'acheter, ont obtiendra ainsi la constatation d'un cours de fantaisie, et l'inventaire, quoique régulier, manquera de la sincérité exigée par la loi, et présentera un bénéfice ou une perte, au gré de la spéculation.

» Exposer ces hypothèses, n'est-ce pas démontrer que le cours de la Bourse ne peut être la base d'un inventaire sérieux?

» Si la formation de l'inventaire ne peut avoir pour base le cours de la Bourse, comment peut-on l'établir?

» Nous répondrons franchement que nous n'avons pu trouver la solution de ce problème, et que l'indécision qui en est résultée dans notre esprit a été précisément la cause qui nous a déterminés à vous réunir avant l'époque ordinaire de vos assemblées, pour vous soumettre nos doutes.

» Nous savons très-bien, Messieurs, que l'étendue de nos pouvoirs nous permettait de prendre à cet égard une résolution ; mais, nous vous le répétons, lorsque l'erreur d'appréciation, si facile en pareille matière, peut se traduire par des plaintes, qui certainement seraient repoussées, mais dont l'examen et la discussion ont été réservés par la loi aux tribunaux répressifs, vous comprendrez que nous n'ayons voulu agir qu'avec votre approbation.

» C'est pour cela, Messieurs, que nous vous avons exposé la valeur réelle et l'avenir des entreprises que nous avons fondées, afin de vous permettre de juger en connaissance de cause les propositions qui vous sont soumises; car notre portefeuille se compose en grande partie des valeurs que nous avons créées, et elles ont été estimées non pas d'après les probabilités d'avenir qu'elles ont, mais aux prix les plus bas que nous puissions admettre, le pair des actions.

» Quand nous vous disons, Messieurs, que nous avons estimé nos valeurs au plus bas prix possible, nous sommes dans le vrai, puisque nous n'avons tenu aucun compte de l'avenir assuré à des entreprises dont les unes sont à peine achevées, d'autres encore en construction : auss croyons-nous avoir fait une évaluation inférieure à la réalité.

» En effet, est-ce que les actions de la plupart de nos chemins de fer, pendant leur construction, ont été négociées à des prix aussi élevés que ceux qu'elles ont atteints lorsque l'exploitation est venue attribuer aux actions leur valeur effective? Évidemment non! et nous pourrions citer, pour ainsi dire, tous les chemins de fer.

» Nous nous bornerons, comme exemple, à indiquer les chemins d'Orléans et de Rouen, dont les actions sont tombées à 450 fr. pendant la construction, pour monter à 12 et 1,400 fr. en 1845, après deux années d'exploitation. Plus récemment, nous citerons les actions du chemin de Lyon à Avignon, dont les actions se négociaient difficilement au pair pendant la construction, et qui, quelques années plus tard, après l'exploitation, sont montées à 2,000 fr.

» C'est le sort des valeurs mobilières, dont les prix subissent des fluctuations si nombreuses et pour tant de causes diverses, de ne pouvoir, comme les marchandises, faire l'objet d'une estimation parfaitement exacte. Cependant, Messieurs, nous avons cherché par quels moyens nous pourrions remédier à toutes les impossibilités, comme aussi aux inconvénients que nous avons signalés, pour l'évaluation du portefeuille des sociétés financières, et nous avons trouvé que le pair des actions, justifié par la capitalisation d'après le revenu actuel, serait une base judicieuse; base certainement imparfaite, et plutôt nuisible que profitable à notre Société, puisque cette capitalisation s'applique à des entreprises dont le développement industriel n'a pu encore se produire.

» Eh bien, Messieurs, même en adoptant ce mode de calcul, nos évaluations sont confirmées; vous reconnaîtrez dès-lors que nous n'avons rien négligé pour vous soumettre une situation aussi réelle, aussi sincère que possible.

A l'appui de ces considérations, Messieurs, nous pourrions invoquer d'imposantes autorités, et il suffit de vous signaler que la Banque de France et le Crédit foncier, dont le portefeuille contient une quantité considérable de titres de rentes, les portent dans leurs inventaires au prix d'acquisition, sans tenir compte des cours de la Bourse.

2me ANNEXE

RÉPONSE DE MM. BORDEAUX ET RICHARDIERE

A LA CIRCULAIRE DE

M. MIRÈS

Du 10 Janvier 1864.

(Extrait d'un journal financier.)

« Nous n'avons que de très-courtes observations à présenter sur cette circulaire qui dissimule la verité en ne la disant pas tout entière, et qui porte contre les liquidateurs de la Caisse générale des Chemins de fer les accusations les plus imméritées.

» Sur le fait de refus d'autorisation de l'assemblée, il y a peu de choses à dire. L'administration a le droit d'autoriser ou de ne pas autoriser les réunions de personnes. Elle accorde toujours l'autorisation, quand la demande est bien motivée. Dans l'espèce, elle ne l'était pas, et on comprend très-bien que M. le préfet de police ait cru devoir s'opposer à cette réunion. Si M. Mirès eût eu le droit légal de réunir les personnes qu'il convoquait, il eût facilement triomphé de la résistance de M. le préfet, sans pour cela porter ses réclamations et ses griefs jusqu'au pied du trône. M. Mirès le sait aussi bien que nous. Il lui eût suffi de présenter une requête au Tribunal de commerce aux termes de l'article 15 de la loi du 17 juillet 1856, démarche dont M. Mirès a cru devoir s'abstenir. C'est dans ce sens que devait s'interpréter la réponse de M. le préfet de police, quand il réclamait l'adhésion préalable de M. le président du Tribunal de commerce.

» En ce qui touche la situation financière de la Caisse générale des Chemins de fer, la circulaire édifie un petit roman dans un but que nous n'avons pas à rechercher; nous constaterons seulement que les acheteurs des titres de la Caisse auraient tout intérêt à ce que le public crût M. Mirès sur parole ; ils trouveraient alors un moyen de se défaire de leurs actions très-avantageusement. Pour ceux-là, la circulaire est excellente ; pour le public, elle pourrait être dangereuse s'il accordait créance à ses assertions. En réalité, il n'y a rien de sérieux dans ces prétendues réclamations à adresser au Gouvernement ottoman et à diverses compagnies. S'il y avait eu procès à faire, il y a longtemps que M. Mirès les eût faits directement et en son nom personnel. Il avait ce droit, comme il l'a encore, et il en aurait usé.

» Ainsi le produit de la liquidation pour chaque action doit être réduit aux évaluations des liquidateurs, c'est-à-dire de 70 à 80 (1). Comme sur ce produit présumé, une somme de 20 fr. a déjà été distribuée, les actions ne vaudraient donc que 50 fr. au plus et non 100 fr., comme le dit M. Mirès.

» M. Mirès accuse les liquidateurs de ne pas vouloir rendre de comptes et de chercher à éterniser la liquidation. C'est un double reproche aussi injurieux que mal fondé. Chaque année, les liquidateurs publient un compte rendu qui permet aux intéressés d'apprécier la situation. Ce sont les seuls comptes que, dans la situation présente, ils puissent rendre. Le Tribunal de commerce, saisi d'une demande en reddition de comptes, a été de cet avis, et cet avis a été partagé par la Cour impériale, 1re chambre, présidée par M. le premier président Devienne, ainsi que cela résulte de l'arrêt que nous avons publié dans notre numéro du 19 décembre dernier.

» Quant à la prolongation indéfinie de la liquidation, le reproche n'est pas mieux fondé (2). La liquidation, eu égard aux difficultés qu'elle présentait, a marché avec une rapidité merveilleuse et elle serait bien près de sa fin, sans les procès que les liquidateurs sont obligés de faire à M. Mirès, qui se prétend créancier de ses actionnaires, quand ses propres livres le constituent débiteur. La prétendue prolongation est le fait propre de M. Mirès et ne résulte nullement de la lenteur calculée des liquidateurs. Que ces derniers abandonnent les droits des actionnaires contre M. Mirès et bientôt le compte final de la liquidation pourra être fourni. Mais cet abandon, les liquidateurs ne peuvent le faire. Ils doivent à la justice qui les a nommés et à leur honneur de défendre les intérêts des actionnaires même contre la volonté de quelques-uns C'est à ce devoir, qui n'admet pas de composition, qu'ils obéissent.

» M. Mirès persiste à soutenir que son capital de 50 millions était intact lors de son arrestation, et que l'emprunt ottoman allait produire un bénéfice qui eût porté la valeur des actions de 1,000 à 1,200. M. Mirès ne justifie pas autrement son estimation. C'est insuffisant. Nous avions, nous, bien avant la catastrophe, établi la véritable valeur des actions de la caisse Mirès et nous trouvions qu'elles ne valaient pas 200 fr. L'emprunt ottoman, s'il eût réussi, aurait peut-être pu ramener provisoirement de 400 à 500 fr. la valeur desdites actions. Voilà la vérité. Mais l'émission de cet emprunt n'a pas réussi, et cette opération, qui pouvait être le salut temporaire de l'affaire, a été l'achèvement de sa ruine.

» M. Mirès essaye de faire remonter à la déclaration de liquidation judiciaire la cause des pertes que les actionnaires subissent. C'est une erreur.

» Certes, si la liquidation eût été prononcée sur le seu fait de l'arrestation préventive de M. Mirès, c'eût été un acte monstrueux, sans précédents. Nous avons vu fréquemment des gérants

(1) On sait que ce chiffre comprend des recouvrements, au moins partiels, sur MM. de Pontalba et Mirès, s'ils sont condamnés définitivement. Autrement, la liquidation ne produira guère plus de 60 fr., y compris les 20 fr. déjà payés. Du reste, on attend bientôt le rapport de M. Riollet, arbitre-rapporteur, expert nommé dans l'instance entre M. Mirès et la liquidation de la Caisse. Nous ferons connaître ce document, qui fournira aux intéressés un nouvel élément d'appréciation sur les prétentions personnelles de M. Mirès.

(2) M. Mirès a mal entendu. Me Hébert n'a pas dit dans peu de jours, mais dans peu de temps, sous peu ou bientôt. Nous croyons que cette distribution de 30 francs ne pourra avoir lieu que dans quelques mois.

de sociétés accusés, poursuivis et arrêtés préventivement, mais nous avons vu aussi qu'aussitôt rendus à la liberté, ils reprenaient le cours de leurs affaires. La seule mesure adoptée au début de l'instruction, mesure indispensable et même forcée, consistait à nommer un administrateur provisoire.

» Si on n'avait pas agi ainsi à l'égard de M. Mirès, on aurait commis, selon nous, un acte nique.

Mais ce que M. Mirès ne dit pas, c'est que les choses se sont passées de la manière la plus régulière et la plus usitée, au moment de son arrestation. Il y avait un second gérant, M. Halbronn. Aussitôt M. Mirès arrêté, ce second gérant, qui pouvait essayer de faire tête à l'orage, s'empressait de donner sa démission. Le conseil de surveillance ne paraissait plus. En un mot, il y avait abandon absolu de la part des seules personnes qui eussent dû chercher à défendre la situation. Il fallait aviser, et c'est alors que l'on nomma pour administrateur provisoire l'un des hommes les plus considérés du pays, tant par sa valeur personnelle que par sa fortune et sa haute position dans les affaires; on nomma pour administrateur provisoire M. le comte de Germiny, gouverneur de la Banque de France.

Cette administration provisoire dura près de deux mois et c'est à elle qu'on doit les transactions avec le gouvernement turc et certaines compagnies, transactions contre lesquelles M. Mirès voudrait plaider aujourd'hui. Mais la Caisse générale des chemins de fer, loin d'avoir des ressources disponibles, était complétement épuisée. Les réclamations s'accumulaient, et, faute d'y satisfaire, la Société allait être déclarée en faillite. C'est alors que des actionnaires, prenant une intelligente initiative, ont formé une demande de liquidation judiciaire. La faillite put être ainsi évitée et avec elle la ruine complète.

Tel est le véritable historique des diverses phases par lesquelles a passé la Caisse générale des Chemins de fer depuis l'arrestation de M. Mirès. On voit par là que ce n'est pas cette mesure qui a causé les pertes des actionnaires, mais bien la situation réelle dans laquelle se trouvait cet établissement.

A. Castillon.

P. S. — Au dernier moment, on nous dit que M. Mirès a reçu l'autorisation de réunir les actionnaires de la Caisse en assemblée générale, en indiquant huit jours à l'avance le jour de cette réunion. Si cette assemblée est permise, nous sommes portés à croire que c'est sur la promesse faite par M. Mirès de ne pas procéder en une qualité que des arrêts souverains ne lui reconnaissent pas. Quoi qu'il en soit, réunion ou non, il n'en résultera rien d'avantageux. C'est une opinion que nous formulons surtout dans l'intérêt des personnes qui n'ont pas d'actions de la Caisse générale et qui seraient tentées d'en acheter.

3me ANNEXE.

EMPRUNT OTTOMAN

Jugement du Tribunal Civil.

M. de Germiny expose « d'abord qu'à la date du 29 octobre 1860, M. Mirès a soumissionné à forfait un Emprunt de 400 millions de francs, valeur nominale et que le Gouvernement s'est engagé à remettre 800,000 obligations de 500 francs;

» Que les paiements doivent être faits en dix-huit mois et par versements égaux;

» Que les obligations souscrites par le public à la Caisse générale des Chemins de fer s'élèvent à 101,800, représentant une somme de 31, 831, 562 fr.;

» Que sur cette somme, la société a reçu 24,978,720 fr. et qu'il reste dû par les souscripteurs, 6,853,841 fr.;

» Que la Caisse doit au Gouvernement ottoman, pour deux termes de l'Emprunt, 23 222,222 fr. » qui sont représentés par des traites qui sont aux mains des tiers;

» Que le gouvernement de la Porte, qui n'a pas encore délivré les titres, se refuse à les remettre, tant que les 23,222,222 fr. ne seront pas intégralement payés.

» Enfin. M. de Germiny expose comment il se propose de solder les 23,222,222 fr.

1° Par le payement à valoir déjà effectué par M. Mirès et Compagnie, de	12,000,000 fr.
2° Par la réalisation des valeurs remises par M. Mirès au représentant de la Porte pour une somme de	4,000,000
3° Par l'abandon des sommes à recouvrer sur les souscripteurs.	6,831,562
» Enfin, par un payement effectif de	2,500,000
» Ce qui forme un total de	25,331,562 fr.

En conséquence de cet exposé, le Tribunal a rendu un jugement dont j'extrais les termes suivants:

« M. de Germiny est autorisé:

» 1° A appliquer spécialement les 6,831,562 fr. restant dus par les souscripteurs à solder les traites du Gouvernement ottoman, pour lesquelles nulle provision n'avait été faite et formant 11,222,222 fr.

» 2° A permettre la réalisation et l'application aux mêmes fins des 4,000,000 fr. de titres dont l'agent du Gouvernement est nanti;

» 3° Et à verser aux mains du dit agent, soit de toute personne qui serait choisie par les parties pour faire les payements, la somme de 2,500,000 fr.;

» 6° A stipuler que tout ce qui dans ces moyens d'argent, savoir : les 2,500,000 fr., les titres en nantissement 4,000,000, les fonds des souscripteurs 6,831,562 fr., ensemble 13,331,562 fr. des traites et frais, serait rendu à l'exposant à titre de remboursement d'autant sur les 2,500,000 fr., sous réserve de tous comptes et vérifications.»

4me ANNEXE

M. MIRÈS

A

MM. BORDEAUX et RICHARDIÈRE

(LIQUIDATEURS)

Mazas, 2 juin 1861.

« Messieurs,

» Les nécessités de la situation si douloureuse et si étrange qui m'est faite, justifieront » les termes de cette lettre, et, je n'en doute pas, vous m'excuserez, Messieurs, de rappeler » que vous avez été choisis comme liquidateurs par l'autorité, et que le Tribunal de commerce » n'a fait, pour ainsi dire, qu'homologuer votre nomination.

» Je n'avais pas l'honneur de vous connaître, et je m'en suis remis complétement à vous, » sur l'honorabilité de votre caractère qui m'a été affirmée. C'était cependant bien grave, » dans la situation où je me trouvais, de livrer à des représentants du pouvoir une liquida- » tion de cette nature qui mettait à votre disposition mon honneur, pendant que des rigueurs » inusitées, dont je suis victime, semblent m'avertir du danger que pouvait avoir pour mes » intérêts les plus sacrés, pour mon honneur, une absence complète d'intervention de ma » part.

» Mais j'ai considéré votre nomination comme une enquête sur ma probité, et quelque » sévères que puissent être vos investigations, ma conscience paisible n'éleva aucune objection » à votre choix. Jugez, Messieurs, quelle douleur j'ai dû éprouver en lisant dans l'assigna- » tion qui me renvoie en police correctionnelle, que je suis accusé d'avoir détourné à mon » profit des titres et valeurs appartenant à des clients de la Caisse générale des Chemins » de fer.

» Or, Messieurs, vous savez mieux que personne que pas un seul titre n'a été distrait » par moi, ni pour moi ; les investigations les plus sévères, les plus minutieuses, ne pou- » vaient porter une atteinte quelconque à mon honneur, et c'est dans cette sécurité que j'at- » tendais le jour des débats publics, lorsque cette assignation m'est parvenue. Vous avez pu » apprécier, Messieurs, que si les besoins de la Société, la conservation de son crédit, ont » rendu nécessaire la réalisation des titres remis ou achetés, pour les clients, cela n'a été fait » que parce que l'actif social en répondait au-delà. Ceci est si vrai, qu'aujourd'hui même,

» malgré les sacrifices énormes faits [1], depuis le commencement de ce procès pour les chemins » romains, pour l'emprunt ottoman, pour le chemin de Pampelune, afin de résilier les engagements de la Caisse, malgré les pertes résultant d'une énorme dépréciation du porte- » feuille, le capital disponible suffit, et au-delà, pour restituer à chacun ce qui lui revient, sans » m'exposer au reproche cruel qui me menace et dont la responsabilité ne peut atteindre une » personne mise, depuis son arrestation, à un secret qui durait encore le 28 mai.

« Vous ne vous offenserez donc pas, Messieurs, si je repousse la responsabilité sur la ma- » nière dont vous avez cru devoir faire la liquidation. Mon droit à cette répudiation est si légi- » time, que je peux vous assurer que M. Delahante, pour les chemins romains, M. Salamanca, » pour les chemins de Pampelune, n'ont jamais eu la pensée de faire obstacle aux mesures qu'il » y avait à prendre, pour terminer honorablement, pour moi, une mission que vous avez » acceptée et qui vous a permis de juger si parfaitement ma loyauté et mon désintéressement » exagérés.

» Je n'ai pas la pensée de vous adresser des reproches, Messieurs, cependant je ne puis » me dispenser de constater que, depuis le jour de mon arrestation, le 17 février, je n'ai reçu, » ni de M. de Germiny, ni de vous, une communication quelconque. Un homme frappé de mort » civile aurait été traité avec plus d'égards. Mais je sais que M. de Germiny, comme vous- » mêmes, avez été empêchés par l'autorité... Le malheur a des droits à la pitié, la probité au » respect, je n'ai obtenu ni l'un ni l'autre, et cependant qui plus que moi les méritent?

» Hélas! ce que dans ce moment suprême, je devrais demander comme un droit, je vous » l'adresse comme une prière. Je voudrais que vous vous entendissiez avec moi pour cette » question, dont, à aucun prix, je n'accepte la responsabilité, et je ne doute pas que la droiture » de votre cœur ne comprenne les sentiments qui m'agitent.

» Vous voudrez bien, Messieurs, vous munir d'une permission pour me voir, et, en outre, » vous faire autoriser spécialement à causer librement et sans l'assistance d'un surveillant, » comme j'y suis condamné lorsque je vois ma famile, et à plus forte raison cette surveillance » est-elle maintenue si, par une exception bien rare, un étranger à ma famille me rend » visite.

» Veuillez, etc.

« J. MIRÈS. »

[1] Voici un état approximatif des pertes que la Caisse générale des Chemins de fer a éprouvées, par suite de la dénonciation de M. de Pontalba :

1° Réduction du portefeuille sur les cours du 20 février (après mon arrestation), comparativement à l'inventaire dressé le 31 décembre 1860	fr.	14,121
2° Pertes sur le chemin de Pampelune pour résilier des engagements qui n'étaient exigibles qu'un an après	fr.	3,414,439
3° Pertes pour résilier les engagements contractés avec les chemins de fer romains	fr.	8,000,000
4° Pertes diverses sur le règlement de l'emprunt ottoman	fr.	4,626,597
5° Réduction sur le Mobilier de la clientèle	fr.	939,638
Ensemble	fr.	31,100,633

Ces chiffres sont en dehors d'autres pertes provoquées également par le désastre amené par la dénonciation de M. de Pontalba.

5me ANNEXE

—

M. REIGNIER fondé de pouvoirs de M. MIRÈS

A

M. MIRÈS

« Cher Monsieur Mirès,

» Muni de vos pouvoirs, je me suis présenté ce matin, à neuf heures, au siége de la Caisse générale des chemins de fer, pour demander aux prétendus liquidateurs de cette Société, MM. Richardière et Bordeaux, communication, en votre nom, de l'état de la liquidation et de leur comptabilité.

» Ces messieurs m'ont répondu qu'ils ne vous croyaient pas le droit de faire cette demande : qu'ils se refusaient, par conséquent, à me communiquer la comptabilité, que, du reste (ont-ils ajouté), cette comptabilité ne se composait que d'un livre de caisse, attendu qu'aucune écriture n'avait encore été passée au livre-journal.

» Indépendamment de ce qu'avait d'étrange cette absence de comptabilité pour de si grands et si nombreux intérêts, je dus être surpris que, lorsque chaque jour MM. Richardière et Bordeaux agissaient en votre nom, ils ne voulussent pas communiquer les pièces de la liquidation à défaut de comptabilité. Cependant je réservai cette opinion ; aussi, cette entrevue, si elle n'a eu aucun résultat satisfaisant, est cependant restée dans des termes convenables.

» Mais, vous le comprenez, il était nécessaire que la négation de vos droits, comme le refus qui m'était fait, fussent légalement constatés ; en conséquence, je me rendis le même jour, à deux heures de l'après-midi, accompagné de M. Berlin, l'huissier, auprès des prétendus liquidateurs, MM. Richardière et Bordeaux.

» J'ai le profond regret de vous dire que nous avons été accueillis de la façon la plus déplorable, MM. Bordeaux et Richardière, méconnaissant en même temps ma qualité de mandataire du gérant de la Société dont ils se prétendent les liquidateurs, méconnaissant aussi le caractère de l'officier ministériel qui m'assistait, nous ont menacés de nous faire jeter à la porte.

» Pour mettre fin à une scène pénible, où ces messieurs ont oublié votre situation, vos droits et la dignité du mandat qu'ils disaient tenir de la justice, j'ai dû alors parler en mon nom personnel pour les rappeler à leurs devoirs. Je leur déclarai qu'étant propriétaire de 92 actions de la Caisse des Chemins de fer, j'avais le droit de savoir où en était cette affaire. M. Bordeaux se montra alors moins violent, et me répondit qu'on avait préparé un travail spécial pour les actionnaires et qu'on était disposé à me le communiquer comme actionnaire.

» Sur cette réponse, et après avoir essuyé un nouveau refus à votre égard, je me suis retiré avec l'huissier. J'étais si profondément indigné de la conduite de MM. Bordeaux et Richardière contre vous, qu'il n'a fallu rien moins que la recommandation que vous m'avez faite, pour que je sois resté calme en face de tels procédés.

» Recevez, cher Monsieur Mirès, l'assurance de mes sentiments dévoués et affectueux.

» REIGNIER.

» Paris, le 4 octobre 1861. »

6me ANNEXE

M. MIRÈS

A

MM. BORDEAUX et RICHARDIERE,

(LIQUIDATEURS)

Messieurs,

« Le concours dévoué que je trouve dans les actionnaires de la Caisse générale des Chemins de fer, la confiance qu'ils mettent tous en ma probité auraient dû exercer quelqu'influence sur vous, que la justice a choisis pour les représenter.

» Telle n'a pas été votre pensée et depuis bientôt un an que vous liquidez la Caisse générale des Chemins de fer, vous m'avez constamment traité comme un homme frappé de mort civile, comme un homme indigne de la confiance de ses mandants.

» Les plus graves résolutions ont été prises même dans des questions qui m'étaient personnelles, sans avoir daigné une seule fois me consulter; vous avez suivi la même marche que l'expert judiciaire qui a formulé des accusations sans m'avoir entendu, sans m'avoir demandé un seul renseignement, une seule explication !

» Je me borne, Messieurs, à constater ces faits et je laisse à l'opinion publique le soin de les apprécier.

» Vous m'appelez maintenant devant les tribunaux civils pour des réclamations personnelles : je suis si confiant dans mes actes et dans ma cause que je vous offre de soumettre l'examen de vos prétentions à un tribunal arbitral, que vous composerez vous-même, en choisissant un membre dans chaque conseil d'administration des établissements suivants : le Crédit foncier, le Crédit mobilier, le Comptoir d'escompte, le Crédit industriel.

» Vous reconnaîtrez comme moi, je l'espère, que les questions de crédit que soulève la nature des débats que vous provoquez recevront ainsi une solution plus équitable que par tout autre moyen.

» J'ai l'honneur de vous saluer.

» Signé : J. MIRÈS.

» Paris, le 8 janvier 1862. »

7° ANNEXE

M. MIRÈS

A

M. LE COMTE PORET

« Mon cher comte,

» Vos préoccupations, comme celles de M. de Chassepot, en faveur de nos malheureux actionnaires, sont si grandes, que vous cherchez, par tous les moyens possibles, à améliorer leur sort. Par un mouvement spontané et vous souvenant que M. de Germiny avait été administrateur provisoire de la Caisse générale des chemins de fer, vous avez eu recours à son intervention personnelle pour aider vos efforts et les miens.

» D'après vos renseignements, vous pensez, cher comte, que pour atteindre plus facilement le but que nous poursuivons, il serait utile que toute difficulté fût aplanie entre les liquidateurs et moi ; cette opinion semble avoir quelque fondement puisqu'elle m'a été exprimée, dans un récent entretien, par un personnage éminent.

» Malheureusement il ne dépend pas de moi d'empêcher les procès que les liquidateurs me font sous toutes les formes, procès auxquels, pour un motif qui m'est inconnu, ils ne veulent pas mettre un terme, puisque depuis deux ans je fais auprès d'eux de vaines tentatives pour qu'ils soumettent leurs réclamations à des arbitres rapporteurs qui soient dans une situation indépendante. Les liquidateurs me répondent qu'ils ne veulent pour arbitres que ceux attachés spécialement au tribunal de commerce.

» Toutefois, pour accentuer le tort fait aux actionnaires par les liquidateurs, qui prétendent agir dans leur intérêt, et pour achever de mettre en relief le caractère des obstacles que l'on met à nos efforts, voici les propositions que je vous soumets pour terminer toutes les difficultés soulevées par les liquidateurs contre moi, puisque de la fin de ces difficultés dépend le sort de mes actionnaires.

» Ces propositions seront, pour M. de Germiny, une preuve éclatante de ma sincérité, de ma loyauté; elles constateront ma complète abnégation et le refus absolu des liquidateurs de nous laisser venir en aide aux actionnaires.

» Je soutiens que je suis créancier de la liquidation d'une somme importante, notamment par suite des versements que j'ai opérés dans la Caisse sociale pendant les derniers jours qui ont précédé la catastrophe, versements qui provenaient de la vente des valeurs mobilières qui étaient depuis longtemps ma propriété personnelle.

» D'après les liquidateurs, au contraire, je serais débiteur de la Société.

» Dans une situation si opposée, qui donc peut prononcer entre les liquidateurs et moi? Evidemment des arbitres rapporteurs qui seraient admis d'un commun accord.

» Quant à moi, je suis tellement disposé à faciliter toute transaction sur ce terrain, surtout si cette transaction peut tourner au profit des actionnaires, que voici les propositions que je fais aux liquidateurs, s'ils acceptent les arbitres qui seraient indiqués par M. de Germiny, arbitres qui seraient choisis dans un personnel dont la situation élevée serait de nature à donner toute garantie d'indépendance :

» 1° S'il résulte de l'arbitrage consenti d'un commun accord que je suis créancier de la liquidation, je déclare renoncer à tout recours sur l'actif que les liquidateurs disent être disponible; par conséquent, je ne ferai aucune opposition à la distribution de cet actif aux actionnaires.

2° Si, au contraire, il résulte dudit arbitrage que je suis débiteur, je ne demande aucune concession et j'abandonnerai aux liquidateurs l'unique débris de ma fortune, la maison que je possède rue Neuve-des-Mathurins, n° 39, ainsi que la somme de 270,000 fr. déposée à la Caisse des consignations.

» Il sera ainsi surabondamment démontré, même pour mes ennemis les plus acharnés, que le sinistre immérité, qui a englouti le capital de nos actionnaires, a anéanti en même temps ma fortune personnelle, fortune que j'avais acquise avant 1854, époque à laquelle j'ai succédé à M. Blaise dans la gérance de la Caisse des chemins de fer.

» Voyons, mon cher comte, que pensez-vous de ces propositions? Ne sont-elles pas conformes à l'opinion que vous avez toujours eue de mon caractère, opinion qui m'a valu toute votre estime et celle de M. le comte de Chassepot, même dans les moments les plus sinistres de mes débats judiciaires.

» Et maintenant, convenez-en, si vos efforts, ceux de M. de Chassepot et les miens ne sont pas couronnés de succès, si M. de Germiny lui-même est impuissant, ne sera-t-il pas démontré pour tous que les difficultés que je rencontre pour venir en aide aux actionnaires proviennent uniquement des liquidateurs?

» La responsabilité des liquidateurs, s'ils refusent, sera d'autant plus grande, que, comme vous le savez, on répète de toutes parts que, pour me permettre de venir en aide aux actionnaires, pour me rendre la faculté de travailler, en un mot pour me laisser jouir du bénéfice de l'arrêt de la Cour de Douai, on n'attend que la fin des procès engagés entre la liquidation et moi.

» Veuillez être mon interprète auprès de M. de Chassepot, et recevez tous deux l'expression de mon dévouement et de mon affection sans bornes.

» J. MIRÈS.

» Paris, le 28 mai 1863. »

8e ANNEXE

—

M. RIOLLET, ARBITRE

A

M. MIRÈS.

Paris, 21 octobre 1863.

« Monsieur,

« Lorsque vous êtes venu à mon cabinet, le 5 de ce mois, pour solliciter une remise à quinzaine de la convocation fixée au lendemain, pour l'examen et la discussion de vos comptes avec la liquidation de la Société J. Mirès et Cie, j'y ai consenti, sous la condition que vous vous engageriez à vous présenter devant moi à quinzaine, sans nouvelle sommation.

» Le 6 octobre, vous m'avez fait remettre, par M. David, une lettre pour régulariser votre demande d'ajournement, mais en omettant d'y mentionner l'engagement convenu de vous présenter sans nouvelle sommation.

» J'ai cru pouvoir compter sur votre exactitude; cependant vous n'avez pas comparu, ni personne pour vous, nonobstant une nouvelle mise en demeure des liquidateurs de la Société J. Mirès et Cie. Ils se sont présentés, et, après une heure d'attente inutile, ils ont requis défaut, en m'invitant à passer outre à l'examen de leurs différents chefs de demande contre vous, puis à faire ensuite mon rapport au Tribunal de commerce.

» Je désirais beaucoup qu'il y eût devant moi des débats contradictoires, afin d'être mieux éclairé sur les prétentions des deux parties; mais vous paraissez vouloir les ajourner indéfiniment.

» Vos adversaires qui, vous devez le reconnaître avec moi, vous ont donné tout le temps nécessaire pour vous préparer à répondre à leurs prétentions, veulent avoir une solution. Dans cette position, et en présence de votre système de temporisation, que je ne comprends pas, puisque vous prétendez être créancier et non débiteur de la liquidation J. Mirès et Cie, j'ai le regret de ne pouvoir vous attendre davantage : je vais, en conséquence, examiner les notes que messieurs les liquidateurs J. Mirès et Cie m'ont remises à l'appui de leurs chefs de demande contre vous, et m'occuper de rédiger mon rapport au Tribunal pour lui donner mon avis sur le bien ou le mal fondé des réclamations formulées contre vous.

» Si vous désiriez m'envoyer, de vôtre côté, des notes pour combattre et réfuter les prétentions de vos adversaires, je vous invite à me les faire parvenir sans retard.

» Veuillez bien me faire connaître de suite vos intentions à cet égard et agréer, Monsieur, mes salutations empressées.

» Signé : GABRIEL RIOLLET.

9ᵉ ANNEXE

RÉPONSE DE M. MIRÈS

A

M. RIOLLET, arbitre.

Paris, le 25 octobre 1863.

« Je ne saurais vous dire, Monsieur, quelle vive surprise m'a occasionnée la lettre que vous m'avez adressée le 21 courant.

» Après les étranges et douloureux événements amenés par les procès que j'ai subis, je croyais que désormais le souvenir de l'expertise Monginot me mettait à l'abri d'une nouvelle erreur judiciaire par un expert; il me semblait que les hommes mandataires de la justice, chargés d'examiner mes affaires comprendraient la nécessité de me donner toute garantie à cet égard.

» Certainement cette opinion était parfois ébranlée par la conduite que tiennent envers moi les liquidateurs de la Caisse générale des Chemins de fer, nommés par le Tribunal de commerce; mais, je l'avoue, je ne supposais pas qu'à votre tour vous pouviez devenir pour moi l'origine d'un nouveau malheur judiciaire.

» Votre lettre, Monsieur, a fait naître cette crainte et je ne vous cacherai pas que vos sentiments si bienveillants pour les liquidateurs au moment même où méconnaissant leurs devoirs ils repoussent les propositions si équitables et en même temps si favorables pour les actionnaires, qui leur sont faites, ont aggravé mes appréhensions; je me suis alors souvenu que ces liquidateurs, MM. Bordeaux et Richardière, ont partagé vos travaux auprès du Tribunal de commerce; et, vous en conviendrez, si vos rapports habituels de camaraderie avec eux expliquent votre langage si favorable à leur égard, c'est un motif souverain pour mo de chercher à obtenir, dans l'expertise qui vous est confiée, des garanties plus grandes.

» Or, précisément, votre expertise étant purement commerciale, vous êtes affranchi du serment que l'expert Monginot avait prêté, de sorte que les garanties que vous m'offrez sont moins grandes que celles que j'avais lorsque M. Monginot a fait son travail. Jugez ma perplexité par cette comparaison !...

» Du reste, si les considérations que je rappelle n'étaient pas de nature à m'imposer la conduite que je tiens, les termes de votre lettre m'auraient éclairé sur votre attitude.

» Ainsi, je me demande comment vous avez pu écrire que la « Visite que je vous ai faite » le 5 courant, avait pour objet de vous demander une remise pour l'examen de mes comptes » avec les liquidateurs et que vous y avez consenti *sous la condition que je m'engagerais à me » présenter dans une quinzaine sans une nouvelle sommation.* »

» Je ne qualifierai pas cette assertion; la visite que je vous ai faite, avait pour but unique de vous faire connaître que l'absence de mes conseils ne me permettait d'accepter aucun débat avec les liquidateurs, et la lettre que je vous ai écrite le lendemain a parfaitement résumé le résultat de notre entretien. Dans le cas où cette lettre ne serait plus sous vos yeux, je la transcris :

« Paris, le 6 octobre 1863.

» Monsieur,

» Ayant eu l'avantage de vous faire connaître hier qu'en l'absence de mes conseils, je ne pouvais me rendre aujourd'hui dans votre cabinet pour exposer mes réclamations et discuter les » prétentions des liquidateurs de la Caisse des Chemins de fer, une remise à quinzaine a été » arrêtée, d'un commun accord, et c'est pour la régulariser comme vous l'avez désiré que j'ai » l'honneur de vous adresser la présente.

» Veuillez agréer, etc. »

Où donc, Monsieur, y a-t-il une indication quelconque de l'engagement que vous invoquez? Comment, en effet, aurais-je pu consentir à accepter un débat devant vous sans le concours de mes conseils, à la suite de l'entretien au moins *singulier* que nous avons eu, entretien que vous avez évidemment oublié et qu'il est par conséquent nécessaire de vous rappeler.

En vous faisant connaître l'absence de mes conseils, et les propositions que j'avais faites aux liquidateurs pour la nomination d'arbitres rapporteurs, indépendants du Tribunal de commerce, j'avais eu soin de vous remettre les deux pièces suivantes constatant ces propositions :

1° Un exemplaire d'une lettre imprimée que j'avais adressée aux Président et Conseillers de la Cour impériale.

2° Un exemplaire de la *Gazette des Tribunaux* renfermant le contrat judiciaire déposé à la barre de la Cour.

Avec cette remise que je vous fis, j'insistais auprès de vous pour que vous joigniez vos efforts aux miens afin d'obtenir l'adhésion des liquidateurs à la nomination de trois arbitres rapporteurs. Je me souviens même qu'effrayé des erreurs dont j'avais été victime et craignant leur retour possible, si vous étiez seul chargé de ce travail, je vous rappelais comme exemple l'expertise Monginot. A ce nom et avec une vivacité qui prouvait l'impression qu'avait produite sur vous ce souvenir, vous avez répudié toute comparaison avec cet expert.

Indépendamment de cet incident, comment, Monsieur, avez-vous pu oublier la conversation si complète que nous avons eue sur les procès que j'ai faits aux liquidateurs pour les forcer d'accepter la nomination de trois arbitres, nombre que la loi autorise pour des affaires aussi importantes que celle qui vous est confiée ? Comment avez-vous pu oublier la déclaration que je vous ai faite de poursuivre ce but avec le concours des actionnaires ?

Je vous le demande, n'ai-je pas en outre invoqué près de vous les sentiments de dignité qui doivent diriger les hommes qui ont une mission de justice, pour vous faire accepter l'adjonction de deux arbitres ?

Est-ce que votre résistance à mes sollicitations n'a pas entraîné de ma part des protestations si énergiques, que, le lendemain, lorsque mon représentant vous a porté ma lettre, vous lui avez dit que si un autre que moi vous eût parlé comme je l'ai fait, vous l'eussiez mis à la porte ?

C'est cependant à la suite de ces protestations que j'ai maintenues en me retirant, et jusque sur le seuil de votre porte, que vous osez écrire que j'ai pris l'engagement de me présenter devant vous !...

Je ne veux pas approfondir le mobile qui vous dirige ; je ne veux pas non plus, dans un écrit qui, par sa nature, peut être livré à la publicité, répéter ce que vous avez entendu dans votre cabinet, lorsque je vous rapportais les paroles d'un agréé qui prétendait qu'il suffisait de s'appeler Mirès pour perdre son procès devant le Tribunal de commerce. Je me borne, en affaiblissant ma pensée, à vous redire, ce que vous savez parfaitement, que je ne veux pas être exposé à une nouvelle erreur judiciaire, à un second rapport Monginot, en livrant l'avenir de mes actionnaires, mon honneur et ma fortune à l'appréciation d'un seul homme dont la situation au Tribunal de commerce est analogue à celle de M. Monginot près le Tribunal civil.

Par votre lettre, vous m'annoncez que les liquidateurs ont refusé de consentir à la remise que je demandais jusqu'au retour de mes conseils, que les vacances ont éloignés de Paris.

Ce refus, de leur part, n'a rien qui m'étonne ; et maintenant je ne suis pas davantage surpris que vous vous conformiez à leur désir, en vous associant à leur refus d'attendre le retour de mes conseils, je me contente de prendre acte du défaut qu'ils ont requis contre moi et auquel vous avez adhéré.

Vous terminez, Monsieur, en me faisant connaître que vous allez examiner les notes que les liquidateurs vous ont remises et rédiger votre rapport pour le Tribunal.

Cette décision de votre part, en confirmant les craintes que je vous ai exprimées, justifie pleinement mon insistance pour obtenir des arbitres rapporteurs qui échappent à toute influence et qui soient par leur position complétement indépendants du Tribunal de commerce.

Veuillez agréer, Monsieur, l'expression de mes sentiments distingués.

Signé : J. MIRÈS.

10me ANNEXE

—

M. MIRÈS

A

MM. GRANDGUILLOT et PAULIN LIMAYRAC.

Directeur et Redacteur en chef du CONSTITUTIONNEL

Mes bons amis ,

« Je vous remercie de la démarche conciliatrice que vous avez faite auprès de M. Denière pour arriver promptement à la conclusion de mes différends avec les liquidateurs ; croyez-le, je ne serai pas moins facile, moins bien disposé que M. Denière, et l'utile mission que vous avez bien voulu accepter aura un succès complet, si, comme tout le fait espérer, chacun apporte un même sentiment de franchise et de loyauté.

» M. Denière vous a dit que les liquidateurs étaient disposés à faire une transaction aussi large que possible ; il a bien voulu ajouter, que l'opinion publique ratifierait ce qui serait fait à cet égard en ma faveur.

» Je suis bien reconnaissant de ces dispositions, mais je ne mériterais pas l'estime des honnêtes gens, si abrité par le courant de l'opinion et favorisé par la bienveillance de M. Denière, j'acceptais une transaction qui priverait les actionnaires d'une partie quelconque de leurs droits sur moi ; sachez-le bien, mes bons amis, que M. Denière le sache également, jamais je n'accepterai une transaction qui aura pour effet soit d'entacher mon honneur, soit d'imposer un sacrifice quelconque à mes malheureux actionnaires.

» Je repousse donc, d'une façon absolue, toute transaction qui ne serait pas précédée d'un arbitrage équitable qui établirait d'une façon incontestée et incontestable ma situation réelle.

Par conséquent, c'est la question d'arbitrage qui seule me divise, soit avec M. Denière, soit avec les liquidateurs.

» Vous comprenez, mes bons amis, qu'après les malheurs enfantés par l'expertise Monginot, je ne sois pas disposé à confier mon honneur commercial à l'appréciation d'un seul homme; c'est cependant ce que voudraient les liquidateurs.

» Vous comprenez aussi, qu'après les débats qui ont eu lieu sur l'expertise Monginot, il en soit résulté dans le corps des experts ou arbitres, des impressions contre lesquelles je dois me prémunir; mais comme ces impressions n'attaquent pas les juges, je m'en remets entièrement à trois arbitres rapporteurs qui seraient choisis par le Tribunal de commerce, ou même par M. Denière, arbitres qui seraient pris à son choix dans le personnel administratif de nos grandes institutions de crédit ou parmi leurs chefs de comptabilité.

» Vous n'oublierez pas que, pour parvenir à obtenir la constitution de cet arbitrage, j'ai consenti, si j'étais reconnu créancier, à renoncer à mes droits, et, au contraire, à payer intégralement s'il était constaté que je suis débiteur. Et vous voudrez bien considérer que s'il n'existe dans l'esprit des liquidateurs aucune arrière-pensée, ils n'ont aucun motif plausible de repousser des propositions si évidemment favorables aux actionnaires dont ils se disent les représentants.

» Cette considération ne sera pas la seule qui attirera votre attention, car votre esprit clairvoyant vous conduira à reconnaître que l'arbitrage que je sollicite par les voies amiables, je l'obtiendrai avec le concours de mes actionnaires, mais par les voies judiciaires, et naturellement, avec l'éclat qu'entraînent les procès de cette importance, dans lesquels les parties sont décidées à pousser jusqu'au bout leurs résolutions.

» Je ne sais quelles seront vos impressions si vous échouez dans votre tentative de conciliation ; mais il me semble qu'en présence de mes légitimes efforts, pour échapper à un nouveau malheur judiciaire, vous ne pouvez rester spectateurs indifférents, et vous penserez, je n'en doute pas, qu'en vous consacrant à la défense des actes du gouvernement impérial, et à cause même de votre profond respect pour la justice, vous avez pour devoir de défendre des choses justes et équitables.

» Recevez, etc. »

Paris. — Imp. Vallée, 15, rue Breda.

CAISSE GÉNÉRALE DES CHEMINS DE FER

ASSEMBLÉE DES ACTIONNAIRES

du 16 Juillet 1864

RAPPORT DE

M. MIRÈS

Messieurs,

Lorsque, le 6 février dernier, vos acclamations si sympathiquement unanimes adoptaient les propositions que j'avais eu l'honneur de vous soumettre, qui donc eût pu supposer que cette manifestation resterait stérile pour vos intérêts? Cependant rien n'est changé dans la situation de notre Société, et l'ostracisme qui pèse sur moi n'a pas cessé. Votre capital de 50 millions est toujours à la disposition de deux liquidateurs qui, non contents de ne rendre aucun compte, s'efforcent, avec un déplorable succès, de perdre ce qu'ils ont compromis. Ils me suscitent des embarras qui aggravent incessamment le mal; ils créent des entraves qui ont pour effet d'amoindrir notre actif disponible.

En vertu de quels droits agissent-ils? Notre Société est-elle en faillite? Non. — Notre Société a-t-elle des créanciers? Non. — Une condamnation quelconque pèse-t-elle sur votre gérant? Non. — A-t-il du moins commis un acte blâmable? Nul désormais n'oserait le

1864

ment conçues et si prudemment conduites, que les financiers les plus considérables se sont empressés de les reprendre, et qu'elles ont contribué à la fortune des établissements qui en ont hérité.

Quand les poursuites ont commencé, la foule s'entassait dans nos bureaux pour souscrire à l'Emprunt ottoman ; et tel était le crédit de notre signature sociale, que 12 millions de traites à 90 jours, tirées sur J. Mirès et Cie, apportées à Londres le 14 décembre 1860, par le courrier de Constantinople, étaient escomptées en un instant à 2 pour 100 par an!

Permettez-moi de bien constater cette situation générale de notre Société. Elle est la base de vos droits. Vos droits ne pourraient être affaiblis que si votre capital avait été dissipé ou si votre gérant, infidèle à ses devoirs, avait trompé votre confiance ou commis des actes abusifs.

NOTRE CAPITAL SOCIAL

§ II

Privé de mes livres, exclu de la Liquidation, en état d'hostilité avec des liquidateurs, qui méconnaissent vos véritables intérêts, je n'ai pu longtemps qu'affirmer l'intégralité du capital social, et protester contre toute déclaration contraire. Mais, grâce à la Commission que vous avez nommée, j'ai obtenu la constatation que je recherchais et qui est si importante pour vous.

Vos Commissaires, aussitôt entrés en fonctions, ont signifié leur mission aux liquidateurs Bordeaux et Richardière, leur déclarant qu'ils étaient premièrement chargés de constater le véritable état de notre société en décembre 1860.

Les Liquidateurs ont reconnu que le bilan de l'exercice 1860, présenté à l'assemblée du 28 janvier 1861 était exact.

Or ce bilan, déduction faite du dividende de 25 francs par action, se soldait par un actif net de 52,461,698 fr.

A notre assemblée du 6 février dernier, j'ajoutais à cet actif le montant de mon compte créditeur, s'élevant à 6,939,348

Ensemble 59,401,046 fr.

Après avoir indiqué ces chiffres, mon rapport vous disait :

« Voilà l'actif dont nous avons à demander compte ; » voilà les sommes que nul n'a le droit de dissiper » impunément ; voilà la base de vos droits et des » miens, les points essentiels dont nous ne devons ja» mais nous écarter. »

Mes chiffres et mon langage sont confirmés. Aucun doute n'est plus possible sur ce point essentiel : Votre capital était intact lorsque les poursuites ont commencé.

§ III

Pour établir vos droits à une réparation, cette démonstration devrait suffire. Toutefois si, durant ma laborieuse gestion, j'avais manqué à mes devoirs, trompé votre confiance ou commis des actes répréhensibles, vos droits pourraient être amoindris.

En est-il ainsi ?

Vous le savez, Messieurs, trahi par le confident obligatoire de tous les secrets sociaux, par le Chef de

la comptabilité; trahi par certains hommes initiés à tous les actes de ma vie et de mes affaires, nulle circonstance n'a échappé à l'attention de mes ennemis. Qu'y a-t-il de prouvé? Il y a de prouvé, que je n'ai jamais oublié mes devoirs, ni méconnu vos intérêts, ni fait un acte blâmable. La haine s'est exercée contre moi avec un acharnement implacable et intéressé : elle n'a pu faire jaillir un seul reproche dont j'aie à rougir.

Cependant j'ai été frappé par les tribunaux de Paris, et l'opinion, ne pouvant croire à une erreur de la justice, s'est attachée à l'unique fait qui a servi de base aux condamnations.

Ce fait unique, si souvent et si habilement allégué, pèse encore sur moi, c'est-à-dire sur vous ; il est le prétexte de nos adversaires ; il faut donc l'aborder de front, l'examiner de près et en finir avec cette question. Il s'agit de ce qu'on appelle

LES EXÉCUTIONS

§ IV

Pendant près de dix ans, notre Société a donné aux valeurs mobilières non spécialisées par des numéros, le caractère d'espèces ou de billets de banque, et les a reçues en comptes courants. Ce système s'exerçait publiquement chez nous comme ailleurs. Dix mille clients ont usé des facilités qu'il créait, sans que jamais aucune réclamation ait été faite, sans qu'un seul préjudice ait été éprouvé.

Les tribunaux de Paris ont jugé que le caractère de *compte courant* n'était pas suffisamment indiqué sur nos récépissés et que dans la pensée des clients il y avait *nantissement*.

Cette décision leur a été suggérée par la comptabilité secrète et fantastique de l'expert Monginot, lequel avait signalé de simples *remises de titres* comme des *ventes*. En rapprochant de ces prétendues ventes le cours de la Bourse au jour où les titres étaient restitués, l'expert a conclu que les clients avaient éprouvé un préjudice. De sorte que le Juge d'instruction, ne pénétrant pas le procédé étrange de l'expertise, a prévenu les clients que leurs titres avaient été vendus à telle époque, avaient produit telles sommes, et qu'eux, propriétaires, se trouvaient avoir été frustrés, puisque, disait le juge d'instruction, *la Caisse était engagée envers eux par un contrat de nantissement.*

Toutes ces indications du juge étaient erronées, complétement erronées. Elles reposaient sur les termes de l'annexe principale de l'expert Monginot, pièce dont je n'avais pas eu communication et qui était restée inconnue de mes défenseurs. Nous subissons douloureusement, Messieurs, cette conséquence des expertises secrètes en matière criminelle !

La Cour de Douai, par son arrêt réparateur du 21 avril 1862, a donné au fait qui m'était reproché son véritable caractère. Mais un très-grave événement judiciaire est survenu, qui a atteint moralement cet arrêt souverain. Je veux parler de l'arrêt de la Cour de cassation, *dans l'intérêt de la loi.*

Par cet arrêt, si les faits qu'il qualifie sont bien appréciés, il est évident que vos gérants auraient commis, *pour votre compte, un abus de dépôt* ou de *nantissement.* Dès lors les poursuites exercées contre eux auraient en apparence quelque fondement : ils pourraient être considérées, à la rigueur, comme la cause involontaire de votre ruine.

Par suite aussi, sans que votre malheur soit moins réel, la puissance de vos réclamations serait affaiblie. Il est évident que si vos gérants étaient en faute, vous n'auriez plus les mêmes droits à une réparation.

Vous voyez, Messieurs, l'importance de cette question, et combien il est essentiel que le seul grief qui ait survécu devant la justice soit anéanti : c'est ce que je compte faire avec une irrécusable évidence.

§ V

Avant d'aborder la question controversée du *compte courant* appliqué aux valeurs mobilières au porteur, je devrais peut-être examiner ici le caractère de ces richesses dans les sociétés modernes, et faire ressortir la grandeur qu'elles ont si rapidement développé en France avant le système restrictif qui a été adopté; je ne le ferai point, je me bornerai à vous rappeler que j'avais pressenti les erreurs possibles de l'opinion à ce sujet, et que dès le mois de septembre 1857, je vous offrais ma démission.

Je ne craignais rien, parce que je n'avais rien à me reprocher; mais je voyais naître une violente réaction contre les hommes et contre les affaires. L'attaque éclatait partout très-ardente, et je savais déjà qu'il y a des moments où l'opinion ne veut rien entendre et n'entend rien. Dans l'intérêt des affaires, je trouvais bon d'effacer l'homme qui avait eu le tort de les mener avec succès. Il y a peu de torts que l'on pardonne moins.

Vous n'avez pas vu comme moi.

Obéissant à l'unanimité de vos vœux, je suis resté à la tête de l'établissement que vous aviez fondé.

L'avenir a justifié mes appréhensions et bien au delà de ce que j'avais redouté ! Mais ni la fougue de l'opinion, ni rien de ce qui est arrivé, ni l'erreur, si elle subsiste encore, ne me fera regretter, encore moins condamner le système de compte courant que pratiquait la Caisse des chemins de fer. Encore à l'heure actu"

ce système me paraît sage et équitable en toutes ses parties. Reportons-nous un moment aux commencements de notre Société.

§ VI

En 1849, quand le trouble social agitait la France, les valeurs mobilières n'existaient pour ainsi dire plus : les actions des chemins de fer n'étaient pas libérées ; des versements très-considérables restaient à opérer, et les travaux demeuraient presque partout suspendus. Les Compagnies se réunirent et créèrent le Sous-Comptoir des chemins de fer, afin de faciliter les versements, procurer des ressources aux porteurs d'actions.

Cette création indique l'état du crédit en France à l'époque que je rappelle. Il avait été émis, sans précaution aucune, des centaines de millions de valeurs ; dès la première crise, tout s'était effondré.

Le Sous-Comptoir des chemins de fer facilita les versements, la reprise des travaux, releva le moral des actionnaires. La confiance revint.

J'ai la satisfaction de pouvoir dire que dans ce travail de reconstitution du crédit et de la confiance, je n'ai pas été inutile, grâce au *Journal des chemins de fer*, que je dirigeais.

N'oubliez pas, Messieurs, qu'en 1849 il n'y avait en France ni valeurs de crédit proprement dit, ni actions de chemins de fer étrangers; par conséquent l'établissement que l'on avait formé était spécialement affecté aux actions des chemins de fer français.

Il n'en était plus ainsi dans les années suivantes, et en 1853, la Société du Crédit mobilier existait; des valeurs nouvelles se créaient sous l'impulsion de la prospérité publique.

En 1855 et 1856, apparaissaient à la Bourse de

Paris la Société des chemins de fer autrichiens, puis les chemins espagnols, russes, lombards, italiens, etc., etc.

Il en était de ces entreprises comme il en avait été pour les chemins français en 1849, il n'y avait aucun établissement qui leur vînt en aide.

Dans cet abandon général, notre Société seule offrait des facilités aux actionnaires de ces entreprises ; aussi la plupart des valeurs qui nous étaient remises en comptes courants, étaient-elles des actions de sociétés financières, des chemins autrichiens, lombards, etc., valeurs au moyen desquelles on ne trouvait d'avances dans aucun autre établissement que le nôtre.

Ainsi, Messieurs, l'utilité de votre établissement ne peut être contestée, et, je le dis hautement, le système de compte courant pratiqué par nous, et si amèrement critiqué, était un bienfait pour l'industrie.

Au point de vue de la sécurité, les emprunteurs avaient-ils des garanties dans notre société? Oui, son capital, complétement réalisé, était de cinquante millions.

Au point de vue des frais payés par les emprunteurs, les avances étaient-elles faites à des conditions favorables? Oui; l'intérêt était à 5 pour 100, et comme généralement le dividende dépassait le taux de l'intérêt, il en résultait que notre Société procurait ou laissait faire un bénéfice réel à ses emprunteurs.

Sous tous les rapports, notre établissement était donc un bienfait pour l'industrie comme pour les porteurs de titres ; il remplissait une lacune puisque, je le répète, pour les valeurs diverses que j'ai signalées, nulle société n'était *alors* constituée pour aider les actionnaires.

§ VII

Je n'examinerai pas ici le caractère des valeurs mobilières au porteur non spécialisées par des numéros; je me bornerai à rappeler que la Cour de cassation, par son arrêt du 15 avril 1861, les a assimilées à toutes autres valeurs fongibles, même aux espèces en argent; par conséquent, aux termes mêmes de la jurisprudence de la Cour de cassation, les valeurs mobilières au porteur pouvaient être la base d'un compte courant.

Ces sortes de comptes courants sont-ils conformes à l'usage commercial ?

— Oui, Messieurs. Ces comptes courants existent dans toutes les maisons de banque; ils existent chez MM. de Rothschild comme au Crédit mobilier et chez tous les agents de change.

Dans une brochure que j'ai publiée au mois de juin 1862, j'ai signalé deux faits, l'un relatif au Crédit mobilier, l'autre concernant M. de Rothschild, qui attestent la vérité de mes déclarations.

Ces faits n'ont pas été démentis.

Dans cette brochure, je disais encore que chez les agents de change le même système de comptes courants était adopté : j'ai dans les mains des pièces qui le prouvent péremptoirement.

Nul n'ignore que chez les banquiers comme chez les agents de change, il vient chaque jour des clients qui font acheter des valeurs à la Bourse, et qui ne versent qu'une partie de la somme nécessaire pour solder leurs achats.

Il en résulte que le client est crédité d'abord de la somme qu'il a versée, ensuite des titres achetés pour son compte.

Par contre, il est débité de la somme payée pour opérer l'acquisition.

Voilà le compte courant établi absolument comme à la Caisse générale des chemins de fer.

A qui appartiennent les titres?

Évidemment au banquier, à l'agent de change, tant qu'ils n'auront pas été soldés de l'intégralité de la somme déboursée, ou tant qu'ils n'auront pas remis à leurs clients les *numéros des titres, qui, ainsi individualisés, cessent d'être une chose fongible, une valeur assimilable aux espèces,* comme le dit la Cour de cassation pour les valeurs non spécialisées.

Il n'y a évidemment aucune différence entre ce compte courant et celui qui était ouvert par la Caisse générale des chemins de fer aux clients qui empruntaient sur titres, et auxquels on remettait un récépissé sans indication de numéros.

Notre système de compte courant était donc conforme à l'usage.

Veuillez remarquer, Messieurs, qu'en dehors des titres remis en compte courant, nous avions aussi une *caisse de dépôts*, c'est-à-dire une caisse spéciale pour les titres, en échange desquels *on délivrait des récépissés contenant la mention des numéros.*

Ces *titres*, Messieurs, *tous au porteur*, et qui représentaient des sommes considérables, n'ont jamais fait partie des valeurs du portefeuille, et sont restés dans la caisse des dépôts, *uniquement parce que les récépissés délivrés aux clients comprenaient les numéros*, et prenaient, par ce fait seul, le caractère d'un dépôt.

Et voyez, Messieurs, à quelles erreurs les hommes les plus éminents peuvent être entraînés, puisque, à l'occasion des dépôts à notre caisse, M. le garde des sceaux, dans sa lettre de mai 1862, à M. le procureur général Dupin, disait :

« L'arrêt de la Cour de Douai a constaté en fait, que
» certains clients avaient déposé des *titres nominatifs*,
» pour lesquels la Caisse percevait un droit de garde,

» et dont elle a simplement, et *l'on peut ajouter for-*
» *cément respecté le dépôt.*

Des titres nominatifs ! M. le garde des sceaux a été trompé : ces *titres étaient tous au porteur !*

Au point de vue de la légalité, pouvait-on raisonnablement faire un reproche quelconque à ces comptes courants ?

Les statuts de notre Société, du 15 juin 1853, rédigés par l'ancien gérant de notre Société, M. Blaise, énuméraient à l'article 4 les opérations de la Société, et mentionnaient sous le paragraphe 5 « les avances en compte courant, ou sur dépôt de garantie et de *nantissement.* »

Les statuts, modifiés en 1856, lorsque le capital a été porté à 50 millions, ont fait disparaître cette mention *d'avance sur nantissement.*

Dès lors les avances sur *nantissement* ne faisaient plus partie du cadre des opérations sociales. — C'est cependant en donnant ce caractère aux *comptes-courants* qu'on est arrivé aux erreurs judiciaires dont nous avons tant souffert.

Dans d'autres circonstances on aurait tenu compte de cette modification dans nos statuts ; elle aurait exercé une influence radicale, parce qu'en effet la différence qui existe entre un *compte courant* et un *nantissement* est immense.

Vous allez juger, messieurs, de cette différence :

Par le contrat de *compte-courant,* le prêteur, dans le cas de la faillite de l'emprunteur, n'a aucun privilége ; les titres en compte-courant rentrent dans la masse des créanciers du failli.

Par le contrat de *nantissement,* au contraire, le prêteur est protégé et la masse des créanciers est sans droit.

Par le *compte courant,* si le titre a été volé ou incendié, il disparaît ou périt pour le compte du prêteur.

Par le contrat de *nantissement*, le vol ou l'incendie, est pour le compte de l'emprunteur.

Ainsi, quel que soit l'aspect sous lequel on envisage le contrat de compte courant, il est entièrement au désavantage du prêteur et complétement favorable à l'emprunteur.

On s'étonne à bon droit, en présence de faits qui attestent l'honorabilité de nos entreprises, de nos opérations et de notre gestion, qu'on ait pu insérer dans des décisions judiciaires les accusations formulées contre le caractère de notre Société :

« Qui aurait eu (dit le jugement du 11 juillet 1861) » des pratiques subversives de toute règle et de tous » droits, et non moins contraires aux saines maximes » d'une industrie et d'un commerce régulier qu'à la » morale et qu'à la loi. »

Voilà comment, Messieurs, sous l'empire des émotions du moment, on traduisait le système des comptes-courants, dont j'ai cru devoir vous exposer le mécanisme si loyal, si utile et si parfaitement conforme à l'usage.

§ VIII

Mais la Cour de Douai, par son arrêt souverain du 21 avril 1862, a rétabli la vérité, prouvé l'honorabilité de notre gestion et rassuré tous les esprits que la décision judiciaire avait profondément inquiétés.

J'arrive maintenant à l'acte dénoncé par les sieurs de Pontalba et Barbet-Devaux, acte dont l'examen approfondi atteste précisément la loyauté absolue de vos gérants.

A la fin d'avril et dans les premiers jours de mai 1859 la guerre survenait en Italie. L'Empereur voulait chasser les Autrichiens des Alpes à l'Adriatique, et ce pro-

taient si la baisse continuait, tandis que si la hausse survenait, ils avaient le droit de répudier la vente et de revendiquer leurs titres.

De sorte que, sous aucun point de vue, l'opération critiquée ne pouvait être nuisible aux clients; elle n'était fâcheuse ou dangereuse que pour notre Société.

Tout cela aurait été éclairci, démontré jusqu'à l'évidence, si j'avais eu connaissance de l'expertise Monginot, si j'avais été appelé à fournir les renseignements nécessaires; malheureusement l'expert n'a eu pour guide que le sieur Barbet-Devaux.....

Notre malheur a été aggravé par le refus de l'expertise contradictoire que j'ai si instamment et si inutilement demandée; expertise pourtant qui n'a pas paru nécessaire à la Cour de Douai, en présence des documents que j'avais mis sous ses yeux.

Si l'expertise contradictoire avait été accordée, ni notre Société ni votre gérant n'auraient pu être poursuivis jusque dans l'enceinte de la Cour de cassation par cette allégation radicalement fausse de l'expert Monginot; « que notre Société avait fait un bénéfice » de deux millions à l'occasion de la liquidation d'of- » fice des clients, les 30 avril, 2 et 3 mai 1859. »

L'examen contradictoire aurait prouvé que la perte sur les comptes courants s'est élevée pour notre Société à près de trois millions!,..

Quant à l'intérêt personnel de vos gérants, désormais nul n'ose plus les accuser à cet égard; car il résulte même des arrêts de la Cour impériale de Paris qu'ils étaient complétement désintéressés dans cette mesure, purement administrative, de la liquidation d'office.

§ IX

Actuellement que la lumière est faite, on cherche avec étonnement sous quel prétexte, pour quel motif

cette liquidation, faite en 1859, qui n'avait soulevé aucune plainte pendant plusieurs années, a pu devenir, en 1861, la source des malheurs qui nous ont atteint et qui nous oppriment encore?

Personnellement, j'aurais intérêt à éclaircir ce mystère. Je me le défends; je me défends tout ce qui pourrait faire obstacle aux réparations que vous avez lieu d'espérer, lorsqu'il est clair que vous avez le droit de les demander.

Sans doute le système judiciaire qui nous régit ne nous donne pas le droit d'intenter une action; mais si une législation imparfaite nous interdit les réclamations légales, il nous reste la justice du gouvernement. C'est pourquoi, Messieurs, avec les sentiments de la plus grande confiance, vos représentants se sont adressés là où ils étaient assurés de trouver la rectitude du jugement et la bonté du cœur.

D'abord vos Commissaires ont adressé à l'Empereur la lettre suivante :

A Sa Majesté l'Empereur Napoléon III.

« Sire,

» Le 6 février dernier, l'assemblée des actionnaires de la
» Caisse des chemins de fer nous a chargés de présenter une
» pétition à Votre Majecté.

» Avant d'accomplir cette mission, nous avons désiré
» connaître la vérité sur les diverses déclarations de
» M. Mirès. A cet effet, nous avons constitué un tribunal
» arbitral composé d'hommes éminents par leur caractère,
» comme par leurs connaissances.

» Il résulte de leur décision et des vérifications aux-
» quelles nous nous sommes livrés, que M. Mirès n'a altéré
» en rien la vérité et qu'il mérite la confiance et la sympathie
» dont il a été l'objet de la part des actionnaires. Fort de

» cette conviction, nous avons l'honneur de vous demander
» une audience pour appuyer la pétition signée par les
» actionnaires.

» Nous nous permettons, Sire, de faire remarquer à
» Votre Majesté, que les actionnaires de cette société se
» composent en général de familles pauvres, dont toute la
» fortune était représentée par des actions de la Caisse géné-
» rale des chemins de fer.

» Si, pour nous entendre, Votre Majesté ne pouvait dis-
» traire un moment de ses grandes et nombreuses occupa-
» tions, nous prions Votre Majesté de vouloir bien nous
» faire connaître à qui nous devons nous adresser pour
» faire parvenir à Votre Majesté, le vœu des malheureux
» actionnaires.

» Daignez agréer, Sire, l'expression des sentiments avec
» lesquels nous sommes, de Votre Majesté,

» Les très-humbles, très-obéissants et très-fidèles sujets. »

Cocteau,
Vicomte Ogier d'Ivry,
L. Bret,
Vicomte de Peyronnet,
Tassin,
Judlin.

Puis ensuite ils ont, conformément à la volonté de Sa Majesté, remis votre pétition à M. le duc de Bassano.

De mon côté je me suis adressé en ces termes à nos augustes souverains:

A Sa Majesté l'Empereur Napoléon III

« 18 juin 1864.

« Sire,

« Les actionnaires de la Caisse générale des chemins de
» fer implorent votre justice. Les Commissaires qui les re-

» présentent, en se joignant à eux, ont signalé ce fait désor-
» mais hors de toute discussion : leur capital de 50 millions
» était intact lorsque ont commencé les poursuites provo-
» quées par la dénonciation Pontalba.

» Je supplie Votre Majesté de considérer que ce capital de
» 50 millions appartient à plus de cinq mille familles, gé-
» néralement si peu fortunées, que la perte qu'elles éprouvent
» constitue pour la plupart une ruine absolue.

» Quand-même la justice ne protégerait pas la cause que
» je défends, ce malheur est si grand et il engendre tant de
» souffrances imméritées, qu'il serait digne encore de pro-
» voquer la bonté ordinaire de l'Empereur.

» Sire, cette catastrophe a emporté ma fortune et j'ai
» éprouvé des douleurs plus grandes ; mais je ne demande
» rien pour moi

» Témoin, confident des malheurs sans nombre enfantés
» par le procès que j'ai subi, je voudrais contribuer à les
» réparer.

» Cette œuvre de réparation serait déjà accomplie, bien
» des larmes auraient cessé de couler, si l'opération que
» j'avais préparée en mai 1862 n'avait pas été entravée
» par le gouvernement de Votre Majesté, encore préoccupé
» des fausses accusations élevées contre moi avec tant d'art
» et de bruit.

» Aujourd'hui que la lumière est faite, maintenant qu'il
» est notoire que les 50 millions de mes actionnaires n'ont
» été engloutis que par des poursuites sans fondement, j'ose
» demander de nouveau la liberté, qui me permettra de tra-
» vailler à reconquérir ce capital dont j'ai cessé d'être res-
» ponsable.

» C'est la grâce que je sollicite de Votre Majesté, et j'attends
» sa décision avec confiance et résignation.

» Daignez agréer, Sire, l'expression des sentiments avec
» lesquels j'ai l'honneur d'être,

» de Votre Majesté.

» Le très-humble et très-obéissant serviteur et sujet.

» J. MIRÈS. »

A Sa Majesté l'Impératrice

« 18 juin 1864.

» Madame,

» Aucune affaire n'est étrangère à votre esprit, et surtout » aucune douleur n'est étrangère à votre cœur. C'est pour- » quoi j'ose appeler votre intérêt sur une affaire qui a été » pour un grand nombre de vos sujets une source d'im- » menses douleurs.

» La chute de la Caisse générale des chemins de fer a » ruiné des milliers de famille, qui ne possédaient d'autre » fortune que le capital qu'elles avaient engagé dans cet éta- » blissement. Cependant rien ne justifierait la catastrophe; » il est avéré désormais que le capital de 50 millions était » intact lorsque les poursuites ont commencé. Ce sont ces » poursuites, provoquées par la calomnie, qui ont amené cette » immense ruine.

» Pour moi, Madame, j'ai été plus que ruiné et j'ai souffert » plus qu'on ne peut souffrir d'une ruine matérielle, mais » je savais que mes actionnaires ne m'accusaient pas, qu'ils » me gardaient leur confiance et que l'estime publique me » serait rendue.

» Maintenant qu'il est connu que ce n'est pas sur moi que » pèse la responsabilité des ruines, je sollicite une grâce du » gouvernement de l'Empereur, c'est de me dévouer à les » réparer. Je crois que je le peux, si nulle entrave n'est ap- » portée à mes efforts.

» Les actionnaires et leurs représentants ont adressé leur » requête à l'Empereur. Si Votre Majesté daignait inter- » venir pour une cause si juste et que l'humanité recom- » mande, le succès serait complet, et de tous les points de la » France un concert de prières s'élèverait vers le ciel pour » le bonheur de Votre Majesté.

» Daignez, agréer, Madame, l'expression des sentiments » avec lesquels j'ai l'honneur d'être,

» de Votre Majesté,

» Le très-humble et très-obéissant serviteur,

» J. MIRÈS. »

§ X

Ma confiance ne repose pas seulement sur les sentiments de bienveillance que nous invoquons, elle repose encore sur des considérations d'un autre ordre.

Jamais le gouvernement n'est resté indifférent à aucun grand malheur. En mainte circonstance, à Lyon, par exemple, l'Empereur lui-même a voulu payer de sa personne, et après avoir donné l'exemple du courage, il a donné celui de la charité. Notre catastrophe a été, pour la plupart d'entre vous, pire qu'une inondation ou qu'un incendie, et n'a pas été plus méritée.

Mais je rappellerai des faits d'une nature plus spéciale et qui démontreront avec quelle sollicitude, dans d'autres circonstances, les intérêts des actionnaires ont été préservés. Voyez, par exemple, ce que l'on a fait pour les actionnaires des chemins de fer de Bordeaux à Cette, de Lyon à Avignon, de Lyon à Genève, enfin pour les chemins du Dauphiné.

Les chemins de Bordeaux à Cette et de Lyon à Avignon avaient été l'objet d'une adjudication publique; les actionnaires avaient fait un premier versement, la concession était définitive et le cautionnement déposé. C'est alors que ces compagnies, sous l'influence d'une baisse qui se produisit à la Bourse, renoncèrent à exécuter leurs engagements, entrèrent en liquidation et perdirent leurs droits sur leurs cautionnements.

Cela se passait sous le règne du roi Louis-Philippe.

Vous savez que le gouvernement de l'Empereur s'est préoccupé des intérêts des actionnaires de ces compagnies et les a utilement protégés.

Pour le chemin de Lyon à Genève, les actionnaires étaient menacés d'une ruine complète, car les dépenses d'établissement avaient dépassé considérablement toutes les prévisions. La compagnie était sans droit; les actionnaires s'étaient associés à une entreprise qui avait été malheureuse ; ils avaient eu pour eux les bonnes chances, ils devaient supporter les mauvaises; cependant une protection efficace a sauvé leurs intérêts.

Les chemins de fer du Dauphiné ne constituaient pas une heureuse entreprise ; l'État avait modifié les statuts de cette compagnie de façon à améliorer le revenu des actions et à relever son crédit ; ces changements n'avaient pas suffi. Les actionnaires n'avaient aucun droit et cependant leurs intérêts ont été sauvegardés.

Il y a peu d'années, est-ce que le gouvernement n'est pas venu au secours de presque tous les chemins de fer, et notamment de celui du Midi, auquel un supplément de garantie a été accordé ?

§ XI

Comparons, Messieurs, notre situation.

L'emprunt ottoman était en plein succès lorsque, dans le mois de décembre 1860, les poursuites ont commencé.

Le bénéfice assuré était de 92 millions, dont la moitié, 46 millions, revenait à notre société. Si vous ajoutez notre capital social, qui était intact, il en résulte que nos actions auraient pu recevoir chacune environ mille francs, de sorte que la perte pour vous, Messieurs, s'est élevée à environ 100 millions.

Je n'ajouterai pas à ce chiffre de 100 millions, les perspectives que nous donnaient les affaires dont

l'Orient était la base, et qui auraient fait de notre société l'établissement financier le plus considérable du monde; je ne rappellerai ni les malheurs éprouvés, ni les pertes essuyées par mes associés, ni ma ruine; je n'invoque pour constater vos droits que les souvenirs qui se rattachent plus directement à l'anéantissement de votre capital social.

Cet emprunt ottoman, qui avait soulevé tant de colères contre moi, était-il loyalement, heureusement combiné?

Vous savez, Messieurs, que le *Crédit mobilier*, qui nous a succédé en Orient, a adopté exactement le même système que le nôtre.

Notre emprunt était-il conforme à la politique française?

Évidemment oui, puisqu'il complétait, pour ainsi dire, notre influence à Constantinople, et était la conséquence naturelle de notre intervention armée. Du reste, par la souscription publique ouverte quelques temps après au Crédit mobilier pour le placement d'obligations ottomanes conformes aux nôtres, vous avez dû reconnaître que la politique française n'était nullement hostile à l'emprunt que nous avions contracté.

Ainsi, Messieurs, quand on examine votre situation et la nature de vos affaires, on ne peut méconnaître que vous êtes victimes d'un malheur bien immérité et que nulle objection n'est possible contre vos droits à une réparation. On peut dire avec juste raison que votre ruine est le résultat d'une erreur, ou, si vous le voulez, d'une précipitation judiciaire; mais lorsque l'on connaît les circonstances qui ont précédé les poursuites et mon arrestation, vos droits apparaissent avec une évidence si grande, la cause de votre malheur prend un tel caractère, que la conscience publique impose à tous le devoir de vous venir en aide.

§ XII

Deux circonstances surtout, ont contribué à notre désastre dans une proportion bien plus réelle que la dénonciation Pontalba, qui n'a été que le prétexte ou l'occasion.

Ces deux circonstances, qui jusqu'à ce jour n'ont pas été divulguées et qui semblaient provoqués par l'intérêt public, ont bien certainement déterminé notre ruine par l'espèce de crainte morale qu'elles ont engendrée.

Quelques esprits ont cru sincèrement que l'Emprunt ottoman pouvait être nuisible à l'intérêt général, et cette supposition a entraîné évidemment les graves mesures sous lesquelles nous avons succombé.

Voici les deux circonstances qui ont été pour nous si fatales.

Vous savez, Messieurs, que tous les ans les compagnies de chemins de fer soumettent le budget de leurs dépenses au ministère des travaux publics, afin d'être autorisées à émettre des obligations pour l'exécution de leurs engagements envers l'État.

Dans les derniers mois de 1860, quelques compagnies de chemins de fer firent connaître au gouvernement qu'elles craignaient ne pouvoir obtenir des capitalistes les deux ou trois cents millions qui leur étaient nécessaires pour l'année 1861, si l'Emprunt ottoman que nous avions contracté, était autorisé.

Cette démarche était bien grave; elle l'était d'autant plus que les craintes que l'on exprimait n'étaient pas fondées, puisque l'Emprunt que nous avions contracté ne s'élevait qu'à la somme effective de 215 millions, payable en dix-huit mois, ce qui ne pouvait exercer

aucune influence fâcheuse sur la situation du marché ou sur les affaires.

Mais, vous le comprenez, les hommes qui avaient exprimé des craintes jouissent d'une telle considération, ils exercent une telle influence, que le gouvernement devait en être ému.

Cette impression subsistait encore lorsque se produisit la deuxième circonstance : Un administrateur du Crédit mobilier, qui a fortement contribué à inaugurer en France le libre échange, a exprimé cette autre préoccupation, que l'Emprunt ottoman, en détournant les capitaux du marché français, pouvait mettre en péril la réalisation du traité de commerce récemment conclu avec le Royaume-Uni, traité qui allait obliger les industries françaises à faire de grands sacrifices d'argent pour renouveler leur matériel, afin de soutenir la lutte contre la redoutable organisation de l'industrie anglaise.

Une semblable prévision exprimée par un homme qui semblait si compétent, a dû être écoutée; elle a naturellement fait revivre les plaintes des compagnies de chemins de fer, et cet ensemble de réclamations venant s'ajouter à la dénonciation Pontalba, ne peut être disjoint des mesures qui ont anéanti notre fortune.

Mais maintenant quelle conscience ne crie que vous avez droit à une réparation?

Si les démarches faites contre nous auprès du gouvernement ont été dictées par le sentiment véritable de l'intérêt public, les auteurs de ces démarches, en reconnaissant qu'elles ont pu contribuer à donner à la dénonciation Pontalba un certain appui, sentiront que leur propre dignité leur impose de soutenir vos droits à une réparation, et même d'y aider dans une certaine mesure?

Sans que j'aie besoin de vous le dire, vous le savez, Messieurs, si ma personnalité était un obstacle, si les haines que j'ai soulevées par une résistance, cependant bien légitime, voulaient que je disparusse des affaires

pour laisser à d'autres le soin et le mérite des réparations qui doivent vous être accordées, je m'effacerai, satisfait de l'honneur d'avoir contribué à vous faire rendre justice.

DEUXIÈME PARTIE

§ Ier

Quel que soit l'aspect sous lequel on envisage notre si malheureuse affaire, nos justes griefs apparaissent plus évidents.

Certainement les poursuites exercées avaient produit un résultat désastreux, que mon arrestation vint encore aggraver. Cependant si nos affaires étaient restées dans les mains de mon cogérant, M. Halbronn et du secrétaire général, le capital eût été sauvegardé; car ces représentants de vos intérêts et des miens se seraient inspirés de mes avis, ou auraient suivi les conseils donnés par M. Isoard, délégué par le ministre des finances pour assister M. de Germiny.

Ces conseils étaient de confier la gestion de la Caisse à un établissement financier qui aurait pourvu à tous les besoins, sans nous faire éprouver les pertes que nous a imposées une liquidation dirigée avec un esprit constamment hostile.

Mais il n'a pas été possible à M. Halbronn de consacrer ses soins à la conservation de vos intérêts. Sous l'influence d'une pression bien puissante dans ce moment, il dut donner sa démission.

Si vous considérez la terreur répandue à ce moment sur tout le personnel administratif de notre Société, vous comprendrez la nécessité à laquelle M. Halbronn a dû obéir en se retirant.

Si encore nos intérêts avaient été laissés aux soins de MM. de Germiny et Isoard, votre capital eût été conservé ; malheureusement une tendance bien fâcheuse pour nous dominait alors, et MM. de Germiny et Isoard durent se retirer pour céder la position à MM. Bordeaux et Richardière.

Ce changement a été le dernier coup.

MM. de Germiny et Isoard s'étaient appliqués uniquement à relever la situation de notre Société. Afin de bien connaître ses ressources, un inventaire avait été dressé, communiqué à toutes les parties comme aux conseils de la Société. *Il prenait pour base les cours de la Bourse du* 19 *février* 1861, c'est-à-dire les prix désastreux amenés par mon arrestation, opérée l'avant-veille; cours qui réduisaient d'environ 16 millions les valeurs de notre portefeuille.

Quoique établi sur des bases aussi fâcheuses, cet inventaire constatait encore l'existence d'un actif de 32,500,000 francs.

J'en ai parlé dans le rapport à l'assemblée du 6 février dernier, et nul n'a osé contredire mes déclarations, parce qu'on savait que la vérité la plus rigoureuse dictait mon langage.

Tel était donc l'état des choses lorsque, pour notre malheur, la liquidation, prononcée le 4 avril, fut confiée à MM. Bordeaux et Richardière.

Les hommes qui ont expérimenté ces sortes d'auxiliaires de la justice, peuvent seuls comprendre le caractère de leur mission ; dans leurs mains tout dépérit ; il semble que le génie de la destruction les inspire.

Cette tendance générale des auxiliaires de la justice s'aggrave encore lorsque l'intéressé principal, tenu sous les verrous, est exclu de l'administration de ses intérêts ou de sa fortune.

Telle était ma situation ; elle devenait pire par la conduite de MM. Bordeaux et Richardière à mon égard auprès de la justice.

Il est évident que ces messieurs caressaient l'espoir d'une condamnation qui me rayerait de la société à tout jamais. Dès lors leur gestion échappait à tout contrôle, et un jugement d'homologation, rendu par le Tribunal de commerce, couvrait tous leurs actes d'une approbation judiciaire.

C'est ainsi que cela se passe toujours, et MM. Bordeaux et Richardière pensaient tellement qu'il en serait ainsi, qu'ils se sont affranchis de toute comptabilité. Ils ont administré un capital de 50 millions sans contrôle, sans aucune autre écriture qu'un livre de caisse, sur lequel ils inscrivaient les payements qu'ils faisaient.

Et pour vous donner une idée de la confiance qu'inspirent aux tribunaux les comptes ou les prétentions des délégués ordinaires de la justice, il suffira de rappeler qu'en 1861, MM. Bordeaux et Richardière ayant demandé contre moi au Tribunal de commerce une provision qu'ils avaient fixée à 1,700,000 fr., le Tribunal, par un jugement du . . . . la leur a accordée.

Or, les comptes que les Liquidateurs avaient produits ne se soldaient que par une somme de 1,622,000 fr.

Ainsi le Tribunal de commerce, sous la présidence de M. Denière, guidé par la confiance que lui inspirent MM. Bordeaux et Richardière, avait accordé une provision de 1,700,000 fr. pour des comptes qui ne s'élevaient qu'à 1,622,000 fr.!

Je n'en dirai pas davantage sur ce point; vos intérêts commandent le silence.

Mais ce que vous ne devez jamais oublier, ce qui est désormais hors de toute contestation, ce qui fait vos droits, c'est que la perte de votre capital ne peut et ne doit être attribuée qu'aux hommes auxquels la justice a confié la gestion de nos intérêts. Cette démonstration doit être faite parce qu'elle sera une nouvelle preuve de vos droits à une réparation.

§ II

Vous le savez, Messieurs, et je ne saurais assez le répéter, les opérations de notre Société étaient dirigées vers les grandes entreprises financières et industrielles.

Les autres affaires de banque, comme par exemple l'escompte et les avances sur titres, n'avaient aucune importance. De sorte que lorsque les poursuites ont commencé, les engagements de notre Société, s'ils étaient considérables, n'étaient pas nombreux.

Ces engagements, qui représentaient une somme de 325 millions, étaient relatifs aux trois affaires suivantes :

1° Le Chemin de Pampelune ;
2° Les Chemins romains ;
3° L'Emprunt ottoman.

Pour le chemin de Pampelune, tous les arrangements avaient été pris dès le mois de janvier, après la descente judiciaire qui avait eu lieu le 15 décembre.

Quant aux chemins de fer romains et à l'emprunt ottoman, grâce à M. de Germiny, deux traités passés avec la société des Chemins romains et le représentant de la Sublime Porte nous avaient complétement exonérés de nos engagements.

Ce qu'il est très-important de rappeler et préciser, c'est qu'au mois d'avril 1861, lorsque les Liquidateurs ont été nommés, il ne restait plus à régler que les comptes courants avec les clients qui avaient remis des titres contre avances.

Ces comptes figuraient à notre inventaire, ils y étaient inscrits avec cette mention :

COMPTE APPLICATIONS (*valeurs en portefeuille*, 7,707,781 fr. 97 c.)

Par contre, il était dû par ces mêmes clients, pour avances à eux faites, une somme de 6,200,000 fr.

La différence entre la valeur des titres à racheter et le montant des avances s'élevait à environ 1,500,000 fr.

Or, il n'y a jamais eu en espèces disponibles une somme inférieure à deux millions, sans compter les titres en portefeuille, qui représentaient plus de trente millions, ni les propriétés immobilières qui s'élevaient à huit millions.

Si vous rapprochez nos ressources si considérables des besoins immédiats que notre Société pouvait avoir, vous reconnaîtrez qu'il était bien facile d'y faire face sans nous imposer aucun sacrifice.

Comment donc notre actif de cinquante millions a-t-il disparu?...

Je ne saurais le dire, puisque les Liquidateurs ne veulent pas rendre compte de leur gestion. Ce que j'affirme hautement, c'est que si mon cogérant, M. Halbronn, n'avait pas été abusivement forcé de donner sa démission, ou si les conseils de M. Isoard avaient été suivis, notre capital aurait été sauvegardé.

En effet, si, comme l'avait proposé M. Isoard, on avait confié la gestion de nos intérêts à un établissement financier, par exemple au Crédit industriel ou au Comptoir d'escompte, ces sociétés auraient conservé les valeurs du portefeuille, au lieu de les livrer aux prix ridiculement affaiblis que la catastrophe avait amenés.

Malheureusement nos intérêts ont été livrés sans contrôle à MM. Bordeaux et Richardière.

Il était naturel de supposer que leur inexpérience sur des affaires de cette importance les con-

duirait à me consulter; mais comme leur collègue, l'expert Monginot, ils n'ont pas daigné me demander un seul avis. Aussi, dès leur entrée en fonctions, avec une imprévoyance et une inhabileté inconcevables, ils ont sacrifié notre actif et nous ont constitués en perte de dix-sept millions, en adoptant comme base de leurs opérations l'évaluation provisoire que M. de Germiny avait faite de notre portefeuille.

MM. Bordeaux et Richardière n'ont pas compris que M. de Germiny n'avait voulu que se rendre compte de la véritable situation de notre société en dressant ce bilan, qui se soldait par un excédant d'actif de 32,500,000 francs.

Étrangers à ces sortes d'affaires, ils n'ont pas compris que c'était uniquement par une exagération de précaution que M. de Germiny n'avait admis, dans son bilan, les valeurs de notre portefeuille qu'aux cours du 19 février, c'est-à-dire aux prix auxquels elles étaient descendues immédiatement après mon arrestation.

Faute d'avoir considéré ou d'avoir pu comprendre que l'œuvre de M. de Germiny était une simple note qui ne devait nullement servir de base à la réalisation de notre actif, MM. Bordeaux et Richardière ont vendu ou livré tous nos titres aux prix avilis du 19 février, et nous ont ainsi infligé, de leur seule autorité, une perte d'environ 17,055,186 francs, soit 170 francs par action !...

Cet acte a eu des conséquences bien fâcheuses sur une certaine catégorie de nos comptes courants.

Notre Société avait fait des avances considérables à ses actionnaires sur ses propres actions; les Liquidateurs, par leurs mesures inintelligentes, ayant dissipé notre actif, ces avances n'ont plus eu aucune garantie, et il en est résulté, d'après eux-mêmes, une perte de 8,390,374 francs, soit 80 francs par action.

Comme vous le voyez, Messieurs, la façon déplorable dont nos intérêts ont été gérés par les auxi-

liaires de la justice a entraîné, sur ces deux parties de notre actif, une perte de 25 millions, ou 250 francs par action.

Quelqu'un peut-il trouver équitable que vous soyez victimes d'une gestion semblable, gestion que vous n'avez pas voulue, gestion que vous n'avez pas eu la possibilité d'empêcher, gestion enfin qui vous a été imposée !...

La responsabilité de MM. Bordeaux et Richardière est d'autant plus grave, que s'il ne leur convenait pas de suivre les sages avis de M. Isoard, ils devaient au moins me consulter sur la nature de nos valeurs. Ils n'en ont rien fait; ils ont agi par leur seule et unique volonté et avec une telle audace d'impéritie, qu'ils semblaient avoir reçu la mission spéciale de ruiner notre Société

§ III

A cette perte de 25 millions pour cause d'inintelligence, d'autres pertes se sont ajoutées, résultat de fautes qui, au point de vue moral, ont un caractère plus répréhensible.

Ces fautes sont au nombre de trois. Elles ont entraîné une perte provisoire d'environ sept millions, soit près de 70 francs par action.

Ceci, Messieurs, mérite une attention toute particulière. Il s'agit :

1° Des payements faits à des clients qui étaient sans droits; payements qui s'élèvent à 2,500,000 francs.

2° De l'abandon bénévole de 2,545,000 francs fait au gouvernement ottoman, au mépris du contrat que j'avais passé et du traité de résiliation conclu avec M. de Germiny.

3° De l'abandon, en faveur de M. de Pontalba, du capital de sa dette s'élevant à 1,700,000 francs.

Je sais très bien que les explications que je vous fournis ne sont plus nécessaires pour vous éclairer sur la gestion des Liquidateurs, MM. Bordeaux et Richardière, mais elles contribueront à donner à vos droits un caractère plus saillant.

Sur ces trois affaires, vos commissaires, tout en confirmant entièrement mes déclarations, n'ont pu que vous faire connaître les faits dont ils ont été les témoins. Si, comme vous l'avez remarqué, ils ont été très-réservés sur la conduite des Liquidateurs, c'est qu'ils m'ont laissé le soin de mieux préciser les fautes graves qui ont été commises, fautes qui attestent le plus absolu mépris de vos intérêts.

Vos commissaires m'ont fait observer que leur présence donnait à mon langage une telle adhésion, qu'il était inutile qu'ils répétassent les mêmes reproches.

Ne supposez pas cependant, messieurs, que le souvenir des torts des Liquidateurs à mon égard, exerce une influence quelconque dans l'exposé que je suis obligé de vous faire. Ce n'est pas le vain plaisir de rendre le mal pour le mal qui dictera mon langage. Si je mets en relief les *erreurs inqualifiables* de MM. Bordeaux et Richardière, c'est parce que ces délégués de la justice nous ayant été imposés, leur responsabilité fait dès lors partie de vos droits à une réparation.

Payements abusivement faits.

§ IV

Il résulte des renseignements fournis par le rapport de M. Riollet, que MM. Bordeaux et Richardière ont

payé *avec une précipitation impardonnable* une somme d'environ 2,500,000 francs à des clients en compte courant avec notre Société, clients qui étaient sans droits.

Je ne reviendrai pas sur la question relative aux comptes courants tels que notre Société les pratiquait, je vous en ai exposé plus haut le caractère si loyal et en même temps si utile à l'industrie et aux affaires. Je me bornerai donc à faire ressortir la façon dont cette question, a été tranché par nos Liquidateurs, au grand préjudice de nos intérêts.

Messieurs vos Commissaires vous l'ont dit avec une grande conviction, l'arrêt de la Cour de Douai du 21 avril 1862, en donnant à nos comptes courants leur véritable signification, avait indiqué aux Liquidateurs le langage et la conduite qu'ils devaient tenir en votre nom. Ils ne pouvaient valablement faire aucun payement en contradiction avec cet arrêt souverain qui protégeait en même temps vos intérêts et mon honneur.

Pourquoi donc ont-ils payé 2,500,000 francs?

Je dois vous le dire.

Dans mon rapport à votre dernière assemblée je vous ai entretenus des relations particulières qui se sont établies entre les Liquidateurs et un agent d'affaires, le sieur Castillon, lequel « avait provoqué, fait » valoir et prévaloir les réclamations des clients contre » notre Société. »

Je vous faisais remarquer que l'accord qui existait entre le sieur Castillon et les Liquidateurs nous avait coûté pour 1862, une somme de 1,694,374 fr.

Nous savons maintenant par le rapport de M. Riollet que les payements faits pendant l'année 1863, ont élevé le chiffre de nos pertes pour cet objet à environ 2,500,000 fr.

Depuis notre dernière assemblée, un fait nouveau s'est produit, qui condamne, d'une manière plus radicale que je ne saurais le faire, la conduite de nos Li-

quidateurs et démontre d'une façon irrécusable le caractère abusif des payements qu'ils ont faits au sieur Castillon ou à ses clients.

Le 12 avril dernier, la Cour de cassation, chambre des requêtes, a reconnu que la Cour impériale de Paris avait violé l'autorité de la chose jugée en méconnaissant l'arrêt de la Cour de Douai, en donnant aux contrats de comptes courants, tels que cette Cour les avait appréciés, le caractère de contrats de nantissement. Par suite, la Cour de cassation a admis les pourvois que, seul, j'ai formés contre les arrêts rendus par la Cour de Paris dans le mois de janvier dernier.

Il faut être juste avant tout. Si j'ai eu la douleur de voir repousser à tous les degrés de juridiction ma demande d'une expertise contradictoire, il serait injuste de conclure de ce fait que partout et toujours je ne rencontrerai devant les magistrats de Paris que prévention obstinée. Cette supposition serait un malheur public et porterait atteinte au respect dont le corps judiciaire doit être entouré, afin de protéger la société entière.

Aussi, quelque douloureux que soient pour vous comme pour moi les arrêts rendus le 22 janvier dernier par la Cour de Paris, ces arrêts attestent bien plutôt l'esprit d'équité des magistrats qu'une tendance hostile pour vos intérêts ou pour moi.

Ne pensez pas surtout, qu'en repoussant notre appréciation sur le caractère de nos comptes courants, les magistrats aient voulu de nouveau accentuer des principes contraires à ceux de la Cour de Douai : ils ont été trompés, voilà la vérité.

Permettez-moi, Messieurs, de bien expliquer ici ma pensée; car cette question se rattache à la responsabilité très-grave qu'ont encourue les mandataires de justice qui nous ont été imposés.

§ V

Il est utile de rappeler d'abord que la Cour de cassation et les Cours impériales ne sont pas régies par les mêmes règles.

Les magistrats à la Cour de cassation ont un rôle plus élevé. Ils planent au-dessus des questions de fait, les questions de principes sont seules de leur domaine; ils sont, pour ainsi dire, les juges des jugements.

Les magistrats de Cour impériale ont plus de latitude. Juges en même temps du fait et du droit, les questions d'équité sont bien souvent leur règle de conduite; aussi est-il rare que les magistrats qui ont à juger une question dans laquelle l'équité est opprimée par le droit, ne prononcent pas, s'ils le peuvent, en faveur du plaideur loyal et malheureux, contre le plaideur déloyal qui n'a que la légalité pour lui.

C'est ce dernier aspect que nos Liquidateurs donnaient aux questions qui, en janvier dernier, étaient soumises à la Cour impériale de Paris.

Les clients qui faisaient des réclamations, ou les agents d'affaires qui les représentaient, ou enfin vos propres Liquidateurs, soutenaient tous à l'unisson que les titres des clients avaient été vendus, qu'ils avaient produit tel ou tel bénéfice; que les gérants, comme la Société en avaient profité, et qu'en accueillant les réclamations, la justice ne ferait qu'obliger la Société et les gérants à restituer ce qu'ils avaient indûment acquis.

Vous voyez déjà, Messieurs, quelle devait être l'hésitation des magistrats en présence de déclarations qui semblaient si véridiques, et combien la question légale de la chose jugée était compromise.

Le système adopté par les Liquidateurs contre vos

intérêts a même pris une forme tellement accentuée, que, non contents d'avoir fait faire contre moi et à votre détriment des plaidoieries dont le caractère injurieux a soulevé l'indignation publique, ils n'ont pas craint de remettre à la Cour des notes dans lesquelles les faits étaient absolument contraires à la vérité. Il faut faire connaître ces notes, parce qu'elles ont exercé une influence décisive sur l'esprit des juges.

Je soutenais que le système des comptes courants avait amené des échanges de titres; qu'on remettait indistinctement à Pierre les titres remis par Paul; que cette opération n'avait jamais donné de bénéfices ni à la Société ni à ses gérants. J'ajoutais qu'elle avait même occasionné à notre Société une perte de plusieurs millions, et je demandais une expertise pour démontrer la vérité de mes déclarations.

Nos Liquidateurs étaient, non sans raison, effrayés de mon langage. Ils avaient déjà payé plusieurs millions à des agents d'affaires avec lesquels ils ont des relations intimes; et si la Cour de Paris repoussait les réclamations des clients, ils se trouvaient compromis. Il fallait donc *à toute force* obtenir de la Cour un arrêt qui justifiât les payements qu'ils avaient effectués.

Pour atteindre ce but, ils remirent à la dernière heure une note aux magistrats, dans laquelle ils ont osé insérer ces mots :

« *Que les titres avaient été vendus, que le produit*
» *de ces ventes était entré dans le mouvement des*
» *affaires de la maison, et par suite avait contribué à*
» *composer les bénéfices distribués.* »

Et comme si cette affirmation mensongère ne suffisait pas pour compromettre vos intérêts, ils ont eu l'audace d'ajouter :

« *Que M. Mirès avait lui-même retiré une part de*
» *ces bénéfices* MAL ASSURÉS, *à raison des* 20 *pour* 100
» *qui profitaient à la gérance.* »

Vous voyez, Messieurs, quel devait être l'embarras

des juges en présence de semblables déclarations faites par des mandataires de la justice, chargés de protéger vos intérêts. — Mais je n'ai pas fini.

J'avais objecté que les bénéfices des années 1856 et 1857 se composaient uniquement de ceux faits sur les Chemins de fer romains ou autres entreprises industrielles.

Les Liquidateurs répondent dans leur note, que c'est une équivoque de ma part ; et à l'appui de leur dire, ils fournissent cette démonstration : je copie :

« Le tableau ci-dessous présente le sort de 90 ac- » tions du Crédit mobilier remises à diverses dates par » le colonel Danner, *ainsi que cela résulte du juge-* » *ment de première instance.*

DATES des ALIÉNATIONS	NOMBRE de TITRES	COURS au jour DE L'ALIÉNATION	TOTAL pour chaque ALIÉNATION EN MASSE
1er fév. 1856	22	1,545 »	33,990 »
6 » »	3	1,552 50	4,657 50
18 mars »	15	1,552 50	23,363 50
31 » »	6	1,605 »	9,630 »
13 sept. »	19	1,680 »	31,920 »
	65		103,561 »

« Or, à la date du 31 décembre suivant (1856), le » cours moyen des actions du Crédit mobilier était de » 1,410 fr. ; c'est à ce taux que les actions *manquant* » ont été capitalisées dans l'inventaire. Si l'on multi- » plie les 65 actions remises par le colonel Danner » par cette même somme de 1,410 fr., on trouve » 91,650 fr. ; ce qui produit avec le chiffre de 103,561 fr. » 10 c. ci-dessus un écart de 11,910 fr. »

« 2° En 1857, même résultat. Le jugement con- » state que 25 actionsremises par Danner ont été *alié-*

» *nées* le 16 mai 1857, et qu'à ce jour, le cours était » de 1,262 fr. 50 c , soit pour 25 actions 31,562 fr. » 50 c.; à l'inventaire au 31 décembre 1857, les ac- » tions du Crédit mobilier manquant (il en manquait » 4,894, qui produisaient 5,336,945 fr. 06 c.) ont été » capitalisées à 1,090 fr. 50 c., soit pour 25 actions » 29,262 fr. 50 c., ou une différence de 4,300 fr. de » ce chef. »

Nos Liquidateurs osent invoquer le jugement rendu par le Tribunal de première instance! Jugement qu'ils avaient obtenu par les mêmes procédés qu'ils ont renouvelés devant la Cour!

Les juges du premier comme ceux du second degré avaient été trompés par le langage des Liquidateurs.

Il faut bien le dire, toute l'argumentation admettait en principe un fait complétement faux. Mais, je vous le demande: comment les juges pouvaient-ils le savoir. Le langage des Liquidateurs donnait tellement raison aux clients au point de vue de l'équité, que nous devions nécessairement succomber.

Comme les Liquidateurs n'invoquaient pas l'expertise Monginot, la Cour ne pouvait pas deviner que les Liquidateurs ne faisaient qu'en suivre les indications.

Par exemple, quant à l'aliénation des titres, l'expert Monginot avait relevé le jour de la sortie des titres, y avait ajouté le cours de la Bourse, et c'est ainsi qu'il avait établi les prétendues ventes et les prétendus bénéfices. Nos Liquidateurs, vous l'avez vu par la citation que j'ai faite, ont suivi le même système; ils ont fabriqué une prétendue vente, créé un prétendu bénéfice, reconnu un prétendu droit en faveur des clients.

Ainsi ils invoquent comme exemple le fait relatif à M. Danner; ils signalent une sortie de titres faite le 1er février 1856, ils y ajoutent le cours de ce jour à la Bourse pour établir que notre Société a reçu telle somme. Puis, au lieu de vérifier si ce jour-là il y avait en caisse des titres analogues, ou si postérieure-

ment il en est rentré, ils se transportent à la fin des années 1856 et 1857, et disent à la Cour : « Au 31 dé» cembre 1856 et 1857, les actions manquantes ont été » capitalisées à tel prix, donc il y a eu un tel béné» fice. »

Or les titres de M. Danner ÉTAIENT EN CAISSE le 31 décembre 1858, et les Liquidateurs en ne le disant pas ont sciemment trompé la justice. J'avais donc raison de dire que le fait de la vente des titres, admis en principe, était faux.

Mais la Cour, n'ayant pas cru devoir ordonner l'expertise que je demandais, parce qu'elle avait foi dans le langage des Liquidateurs, a dû penser qu'elle avait devant elle des plaideurs malheureux, des mandataires de la justice consciencieux, que j'étais, moi, un gérant un plaideur déloyal, Elle a condamné notre Société au nom de ce qu'elle a cru être l'équité.

Nos Liquidateurs ont tout fait pour faciliter le gain de leurs procès aux adversaires de notre Société, parce qu'ils se voyaient, je le répète, compromis par les payements abusifs qu'ils avaient faits à des agents d'affaires avec lesquels ils avaient des relations particulières ; de sorte qu'il leur fallait à toute force une décision qui les couvrît.

Je pourrais ajouter des faits, des témoignages ; je pourrais vous citer les personnes chez lesquelles les protégés de nos Liquidateurs se sont présentés presque en leur nom, avec des *Traités et des pouvoirs autographiés* que les clients n'avaient qu'à signer, traités et pouvoirs en vertu desquels ces agents d'affaires exploitaient notre Société avec l'adhésion de ceux qui devaient nous défendre ; mais j'en ai dit assez pour démontrer que les arrêts du mois de janvier dernier, qui ont si fatalement compromis vos intérêts et si injustement atteint mon honneur, n'ont pas été dictés par des sentiments hostiles pour vous ni pour moi. Ils sont, vous le voyez, le résultat des

manœuvres intéressées de nos Liquidateurs qui, ayant payé abusivement des sommes considérables, avaient besoin de décisions judiciaires pour dégager leur responsabilité. Aussi n'ont-il reculé devant aucun moyen pour surprendre la conscience des juges.

Ils étaient si satisfaits du résultat obtenu, qu'ils ne voulaient pas en appeler à la Cour de cassation. Me Benoit, l'avoué, l'âme de la liquidation, le gendre de M. Bordeaux, l'un de nos Liquidateurs, s'adressant à Me Saglier, notre avocat, a blâmé les pourvois que j'avais formés dans votre intérêt!

Êtes-vous convaincus maintenant que nos Liquidateurs ont payé abusivement une somme de 2,500,000 fr., qu'ils sont seuls la cause effective de la perte de ces procès, comme ils sont la cause de l'anéantissement de notre capital?

Ce Rapport sera publié, et si j'ai menti, je serai couvert de honte. Mais si je dis la vérité, nul ne contestera qu'une réparation vous est due, en présence des actes accomplis contre vous, par les mandataires qui vous ont été imposés par la justice.

Emprunt ottoman.

§ VI

Dans mon Rapport du mois de février dernier je vous disais que les Liquidateurs, en réglant avec le représentant de la Porte avaient fait bénévolement l'abandon d'une somme de 2,545,000 fr.

J'ajoutais qu'intéressé en mon propre et privé nom dans l'Emprunt ottoman, nos Liquidateurs avaient méconnu mes droits, ma qualité, et avaient traité sans ma participation et sans avoir égard aux protestations que je leur avais signifiées.

Il n'est pas indifférent de mettre en parallèle cette conduite avec celle qu'a tenue M. de Germiny pendant sa trop courte administration.

L'ancien gouverneur de la Banque ayant reconnu, d'après les actes et les livres sociaux, mes droits dans cet emprunt, n'a voulu résilier qu'avec mon autorisation spéciale ; qu'en vertu de mes pouvoirs. Nos liquidateurs, plus puissants que M. de Germiny, m'ont traité comme un condamné frappé de mort civile ; ils ont tout tranché de leur seule et unique autorité. Évidemment il y a des raisons à l'attitude étrange des Liquidateurs dans cette affaire. Ces raisons cachées, je laisse à la conscience publique le soin de les deviner. Elles existent, c'est tout ce que je veux dire.

Par l'une de vos résolutions, vous avez donné mission à vos Commissaires de vérifier mes allégations, et, si elles étaient fondées, de poursuivre la rentrée de la somme de 2,545,000 francs que les liquidateurs ont payée en trop.

Vos Commissaires, dès leur entrée en fonctions, ont voulu connaître la vérité. Ils ont demandé la communication des pièces, et les pièces leur ont démontré l'exactitude parfaite de mon langage. Ils ont en outre constaté avec quel soin scrupuleux M. de Germiny a protégé vos intérêts en rédigeant le traité de résiliation.

En effet, tout en résiliant la convention pour ce qui excéderait les obligations souscrites, M. de Germiny a formellement stipulé que les avantages résultant du contrat seraient acquis aux 101,800 obligations que le public avait demandées et pour lesquelles le premier versement avait été effectué.

Or, aux termes de l'art. 5, il était dit : « que quoique » les payements fussent échelonnés sur une durée de dix- » huit mois et par sommes égales, l'intérêt dû par le » gouvernement ottoman serait payé sur l'intégralité de » l'emprunt, comme si tous les payements étaient » effectués. »

Cet avantage équivalait à 25 francs par obligation que nos Liquidateurs avaient le droit de retenir, puisque les obligations souscrites étaient pour ainsi dire payées comptant.

Si nos Liquidateurs, en mandataires loyaux, avaient respecté mes droits; si j'avais été admis à connaître le règlement de cette affaire, aucune erreur n'aurait pu se glisser, et une somme de 2,545,000 francs n'aurait pas disparu à votre détriment. Mais évidemment on ne voulait ni la lumière ni un contrôle.

Non-seulement nos Liquidateurs ont repoussé mon concours, négligé d'invoquer les termes si précis de l'art. 5, et commis une erreur à notre préjudice de 2,545,000 francs, mais, poussant plus loin leur indifférence pour vos droits et vos intérêts, ils ne veulent même pas donner les pouvoirs nécessaires pour opérer cette réclamation.

Pour justifier leur étrange refus, ils n'ont même pas la ressource d'alléguer les frais que cette réclamation pourrait occasionner, puisque je me charge, à mes risques et périls, de poursuivre le recouvrement.

Pourquoi donc font-ils obstacle à cette rentrée?

Je vous ai dit, à notre dernière assemblée, que MM. Bordeaux et Richardière avaient reçu une décoration du gouvernement ottoman.

Si c'est la délicatesse de la reconnaissance ou quelque autre sentiment qui les empêche d'intervenir en leur nom, je l'ignore, et je crois que nous n'avons pas beaucoup la curiosité de percer ce mystère. Nous en savons assez. Nous savons très-certainement que MM. Bordeaux et Richardière ne sont pas les mandataires de vos intérêts.

Mais cette circonstance aussi, comme tant d'autres, est une preuve et une démonstration de vos droits à une réparation.

Créance sur M. de Pontalba.

§ VII

Par un sentiment de loyale indignation, en insérant dans les propositions que vous avez votées l'autorisation de transiger avec tous, vous n'avez fait qu'une exception, c'est à l'égard de M. de Pontalba.

Pour lui, pour l'auteur de notre ruine, vous n'avez pas voulu admettre qu'une transaction fût possible !

Vous vous souvenez que notre assemblée du 6 février était convoquée depuis plus d'un mois. Nos Liquidateurs, ne pouvant douter de vos sentiments à l'égard de leur protégé, M. de Pontalba, prévoyaient que cette assemblée donnerait son concours à mes efforts. Il était évident pour eux qu'ils ne pourraient plus faire, après l'assemblée, la transaction qu'ils projetaient.

Aussi, le 5 février, *la veille de notre assemblée, ils se hâtent* de conclure ce marché odieux, par lequel, moyennant le payement des intérêts jusqu'à ce jour, ils font à l'homme qui a causé tant de malheurs, tant de ruines, à M. de Pontalba, l'abandon du capital de sa dette !

Dans cet acte d'abandon, ils ont osé insérer « que » le Tribunal qui a condamné M. de Pontalba à rem- » bourser sa dette en capital et intérêts, *avait reconnu* » *des droits à M. de Pontalba.* »

Des droits en faveur de M. de Pontalba ! Cette audacieuse allégation dans un acte authentique est tout simplement un mensonge authentique. Il n'y a rien de semblable au jugement qui condamne M. de Pontalba à nous rembourser ce qu'il a obtenu par la délation et la violence. Mais il fallait justifier la transaction auprès du notaire, et nos Liquidateurs, leurs conseils

et ceux de M. de Pontalba n'ont pas reculé devant ce tort si grave, d'insérer un fait faux dans un acte authentique.

Messieurs, j'ai assisté aux débats qui ont eu lieu devant la Cour impériale, j'ai entendu l'avocat de nos Liquidateurs, le même qui répandait l'outrage contre moi, défendre M. de Pontalba!

Ce spectacle, cependant bien triste, m'a fait pourtant plaisir! Oui, je trouvais cela juste qu'enfin l'entente et l'accord de ces personnages, et les sentiments et les intérêts qui les unissent, fussent ainsi proclamés et avérés et que la magistrature en eût l'aveu de leur propre bouche!

Actuellement je ne suis plus seul pour défendre nos droits, car vos Commissaires, s'associant à votre pensée, sont intervenus devant les tribunaux, afin d'obtenir l'anéantissement de cette sacndaleuse transaction.

Peut-être objectera-t-on, qu'il vaut mieux recevoir, sur une créance de 2,200,000 francs, une somme de 500,000 francs, que de s'exposer à tout perdre.

Si en effet la famille de M. de Pontalba était dans une situation qui inspirât des craintes sur la rentrée de votre créance, peut-être eût-il été possible, au point de vue de vos intérêts, de s'arrêter à cette considération.

Mais il n'en est pas ainsi.

D'abord l'hypothèque repose sur la terre de Mont-l'Évêque, d'une valeur d'environ 2 millions, et nous avons la certitude de recouvrer sur cet immeuble une somme de 800,000 francs à un million.

Ensuite les propriétés immobilières de Mme de Pontalba la mère ne représentent pas un chiffre moindre de 12 millions : l'hôtel seul qu'elle habite en totalité, rue du Faubourg Saint-Honoré, représente une valeur de 6 millions.

Cette immense fortnne n'appartient qu'à trois héri-

tiers ; la rentrée de votre créance est donc complétement assurée.

Pour échapper à toute surprise, je dois faire connaître un bruit qu'on essaye de propager.

On donne à entendre que des personnages importants ont encouragé les Liquidateurs à faire cette transaction, et j'ai entendu Me Senard l'avocat de M. de Pontalba, se prévaloir de cette circonstance, qu'un notaire très-influent avait participé à l'acte de transaction.

Me Sénard, pour un motif que je n'ai pu comprendre, a dit à la barre de la Cour, que ce notaire avait refusé les honoraires dus à son concours.

Il m'a paru que tout cela était une comédie des conseils de M. de Pontalba pour faire croire je ne sais quoi. Néanmoins, j'ai voulu savoir si en effet il y avait quelque part, ailleurs que dans les bureaux de la Liquidation, quelques sympathies pour M. de Pontalba.

Non, en vérité, messieurs; et les sentiments qui se sont exprimés de tous côtés avaient l'accent même des nôtres. Ne craignons point le crédit et les amis de M. de Pontalba. Il a été condamné à rembourser ce qu'il a induement obtenu, et, soyez-en convaincu, la transaction faite par les Liquidateurs ne sera pas approuvée par les magistrats qui ont condamné M. de Pontalba.

§ VIII

J'ai dit le préjudice que nos Liquidateurs nous ont occasionné, j'ai dit leurs torts, et très-probablement ce préjudice et ces torts apparaîtraient, encore plus graves, si nos Liquidateurs consentaient à expliquer leur gestion, à rendre compte du capital de 50 millions qui leur a été confié.

S'ils étaient nos représentants, nous aurions le droit d'exiger ces comptes de gestion, que leur conscience devait spontanément offrir. Mais ils ne relèvent que de l'autorité judiciaire.

Depuis plus de trois ans ils ne vous ont pas réunis une seule fois, et cette conduite est approuvée par le pouvoir qui les a nommés.

Il résulte de cette situation que nous n'avons rien à leur demander et nous y perdons peu en réalité, puisqu'ils sont dans l'impossibilité de réparer les ruines qu'ils ont faites.

Tout ce que nous pouvons leur demander est perdu.

Résumons nos pertes :

Le dommage qui vous a atteint est de deux natures.

D'abord vous avez perdu une somme de 46 millions qui vous revenait dans le bénéfice si certain que promettait l'Emprunt ottoman.

Ensuite votre capital de 50 millions, intact lorsque les poursuites ont commencé, a été anéanti par des Liquidateurs incapables.

Pour la part qui vous revenait dans l'Emprunt ottoman, c'est un malheur irréparable, j'en conviens, mais c'est au moins une considération qu'on ne peut et ne doit pas écarter, quand on examine vos droits à une réparation.

Voici le détail de nos pertes :

1° MM. Bordeaux et Richardière, commettant l'erreur grave de prendre pour base de la réalisation de notre actif le bilan provisoire de M. de Germiny, ont livré nos valeurs de porte-feuille aux prix avilis du

19 février, et nous ont ainsi constitués en perte d'une somme de 17,055,126 f.

2° Pour les avances faites en compte courant sur nos propres actions, avances qui n'ont plus eu de garantie dès que les Liquidateurs ont eu dissipé notre actif. 8,300,374

3° Indemnités payées à des clients sans droits. 2.500.000

4° Perte sur le règlement de l'Emprunt ottoman. 2,545,000

5° Perte de notre clientèle, et sur notre mobilier, vendu à vil prix. 939,000

Frais judiciaires. 1,000.000

Ensemble. 32,339,500

Ainsi la perte occasionnée par la gestion de MM, Bordeaux et Richardière s'élève à fr. 32,339,500

Voici maintenant l'état des pertes effectives que nous avons faites, par le fait même des poursuites :

1° Résiliation des engagements relatifs au chemin de Saragosse à Pampelune 3,175,000

2° Résiliation des engagements relatifs aux chemins de fer romains. 8,500,000

3° Indemnités payées aux porteurs d'actions du chemin de fer de Saragosse à Pampelune. 831,000

Ensemble 12,506,000

De votre capital de 50 millions et de ma fortune personnelle, il ne reste donc

A reporter. 44,845,500

Report.	44,845,500
que trois sommes, qui forment ensemble 8,500,000 fr.	
Les voici :	
1° Les Liquidateurs vous ont distribué 20 fr. par action, soit	1,800,000
2° Ils ont encore à leur disposition une somme de :	4,500,000
3° Il reste la créance Pontalba	2,200,000
Ensemble	53,345,500

Si vous considérez qu'il y a encore à faire rentrer environ trois millions, pour des erreurs commises par les Liquidateurs en réglant avec les chemins de fer romains, le chemin de Pampelune et la société du Gaz de Marseille, vous retrouverez un total de 56 millions qui représente :

1° Votre capital social de 50 millions ;

2° Ma fortune personnelle, qui a été engloutie dans la catastrophe.

Vous connaissez maintenant comment les mandataires judiciaires qui vous ont été imposés ont géré nos intérêts ; vous penserez, comme moi, qu'ils auraient administré plus sagement, si, relevant directement de nous, ils avaient été dans l'obligation de nous rendre des comptes et s'ils n'avaient attendu leur *quitus* que de notre approbation.

§ IX

Au moment où vous allez vous prononcer sur la proposition principale qui vous est soumise, c'est-à-dire sur la retraite des Liquidateurs, je dois vous faire

connaître quelles seront, pour vos intérêts, les conséquences de leur retraite.

Cette retraite nous permettra d'abord de poursuivre auprès du gouvernement ottoman la réparation de l'erreur qui a été commise.

Nous obtiendrons plus facilement la rentrée de notre créance sur M. de Pontalba.

Enfin je pourrais relever les erreurs commises par les Liquidateurs en réglant avec les compagnies des Chemins de fer romains, de Pampelune et des Gaz de Marseille, dont nous étions les banquiers, erreurs que j'évalue à environ 3 millions.

Pour vous permettre d'apprécier quelle est la valeur réelle de nos actions, en dehors des droits généraux que nous avons à faire valoir, je crois devoir réunir les diverses sommes que nous avons le légitime espoir de faire rentrer lorsque nous serons les maîtres chez nous.

1° Les Liquidateurs l'ont reconnu, ils ont en caisse ou en valeurs une somme de	4,500,000 fr.
2° La réclamation à faire au gouvernement ottoman pour l'erreur commise	2,545,000
3° La créance de M. de Pontalba	2,200,000
4° Les réclamations à faire pour erreurs de règlements avec les compagnies des Chemins de fer romains, de Pampelune et des Gaz de Marseille	3,000,000
Ensemble	12,245,000 fr.

soit environ 136 francs par action, puisque par suite des actions que les Liquidateurs reconnaissent avoir en caisse, le nombre des titres qui ont droit à participer à cette réparation n'est pas de 81,000, comme je l'avais supposé, mais de 90,000.

TROISIÈME PARTIE

MON COMPTE PERSONNEL

§ I

Je serai bref sur ce point, je l'aurais été bien davantage si nos Liquidateurs ne vous avaient pas adressé, à la date du 25 juin dernier, une circulaire dans laquelle ils s'expriment ainsi :

« Il vous a été distribué des exemplaires d'une brochure contenant le texte d'une décision qualifiée sentence arbitrale, rendue entre M. Mirès et MM. Bret et consorts, prenant la qualité de Commissaires des actionnaires.

» Nous croyons de notre devoir, pour éclairer votre religion et prévenir toute erreur, de vous adresser copie du jugement de débouté d'opposition rendu par le Tribunal de commerce de la Seine, le 13 juin courant, relativement au règlement des comptes de M. Mirès, sur son refus de plaider.

» Ce jugement statue sur cinq des chefs de nos réclamations. Il fixe sur ce point les sommes dont M. Mirès est débiteur à 8,277,845 fr. 52 c.

» En conséquence il condamne M. Mirès, déduction faite des comptes créditeurs à payer à la liquidation :

» 1° Pour solde des trois premiers chefs.	2,713,890 fr.	36 c.
» 2° Montant du compte coupon n° 2.	760,175	»
» 3° Montant des créances personnelles.	63,647	68
» Ensemble, y compris la provision		
» (Valeur 1er avril 1863). . .	3,537,713 fr.	04

Vous avez reçu la sentence arbitrale rendue par MM. Berryer, Marie et Carré. Vous avez sans doute remarqué qu'en la signalant, nos Liquidateurs, par un sentiment de pudeur très-concevable, n'ont pas osé rappeler les noms des hommes qui l'ont rendue. C'est qu'en effet, ces noms inspirent à tous un tel respect, qu'il eût suffi de dire que leur décision est contraire au jugement du Tribunal de commerce, pour que l'autorité de ce jugement fût moralement atteinte, serait-il contradictoire, au lieu d'être par défaut.

Nos Liquidateurs vous disent que j'ai été condamné à payer 3,532,713 fr.

Ils n'ajoutent pas qu'ils ont voulu ce jugement à tout prix, même par défaut, et qu'il a entraîné 50,000 fr. de frais à vos dépens!

Le but des Liquidateurs a été bien certainement d'altérer la confiance que vous avez en moi, et de détruire l'unanimité qui assure le succès définitif de nos efforts.

Je ne répondrai à la pensée des liquidateurs que par l'exposé des faits. S'il en résulte une atteinte morale à des choses que l'on doit toujours respecter, la responsabilité en sera aux provocateurs.

Depuis plusieurs années, j'affirme que je suis créancier de votre Société, et vous le savez, Messieurs, ce n'est pas dans le but d'obtenir, au préjudice de vos épaves, le payement des sommes qui me sont dues. Je n'ai cessé de répéter que si l'on voulait soumettre à des arbitres honorables et indépendants l'examen des réclamations faites contre moi par les Liquidateurs, je consentais à payer tout ce dont je serais reconnu débiteur, et que je faisais l'abandon de ma créance, s'il était constaté que je fusse créancier.

Dans mon rapport à notre dernière assemblée, j'ai énuméré les tentatives que j'ai faites pour obtenir cet arbitrage, et, puisque les Liquidateurs m'y obligent, je

crois devoir reproduire cette partie de mon rapport que nul n'a osé contredire :

« L'acharnement des Liquidateurs vous paraîtra bien » étrange, Messieurs, — Vous le comprendrez, lorsque vous » saurez le but que nos Liquidateurs veulent atteindre : » m'empêcher de défendre vos intérêts et m'obliger d'ac- » cepter comme arbitre M. Riollet !

» Mais ma résistance est absolue à toute décision qui se- » rait prise sans avoir été précédée d'un rapport fait par des » arbitres offrant toute garantie d'indépendance.

» Pour vous, comme pour moi, je dois éviter à tout prix » un nouveau rapport Monginot. Afin d'empêcher un sem- » blable malheur, je ne reculerai devant aucune démarche, » devant aucun effort ; j'y engloutirai mes dernières res- » sources !

» Ma première tentative pour obtenir un règlement » amiable date du 8 janvier 1862.

» J'écrivis aux Liquidateurs que je leur offrais de « sou- » mettre l'examen de leurs prétentions à un tribunal » arbitral, qu'*ils composeraient eux-mêmes*, en choisissant un » membre dans le conseil d'administration de chacun des » établissements suivants : le Crédit foncier, le Crédit mo- » bilier, le Comptoir d'escompte, le Crédit industriel.

» Pas de réponse.

» Le 21 avril 1862, la Cour de Douai me rendait à la li- » berté : j'offris aux Liquidateurs de confier au Tribunal de » commerce la nomination des trois arbitres rapporteurs » qui régleraient nos différends.

» Pas de réponse.

» En 1862, je renouvelai la même tentative par l'interme- » diaire de M. de Germiny.

» Rien.

» En mai 1863, M. le comte de Poret et M. le comte de » Chassepot employèrent vainement leurs efforts pour faire » agréer par nos Liquidateurs les propositions les plus avan- » tageuses pour la Société.

» Elles ont été renouvelées par l'intermédiaire de M. De- » nière, président du Tribunal de commerce qui a également » échoué !

» Enfin, à la barre de la Cour impériale, le 26 août der- » nier, je proposais à nos Liquidateurs le même contrat.

» Devant la justice nos Liquidateurs ont persisté dans leur

» refus; ils ont répété qu'ils ne veulent pour unique arbitre » que M. Riollet, attaché en cette qualité au Tribunal de » commerce.

» Croyez-vous qu'en présence de refus aussi persistants je » me sois découragé? Non, Messieurs. J'ai renouvelé mes » efforts auprès de M. Riollet lui-même, pour obtenir qu'il » s'adjoignît deux autres arbitres. Je n'ai pas été plus heu- » reux. M. Riollet veut rester seul et unique arbitre entre » nos Liquidateurs et moi.

Voilà, Messieurs, quelle était la situation, lorsqu'a eu lieu notre assemblée du 6 février dernier.

Vos Commissaires vous ont raconté les vains efforts qu'ils ont faits à leur tour auprès de MM. Bordeaux et Richardière, pour obtenir leur concours dans l'arbitrage que vous avez accepté ; mais, ce qu'il faut que vous sachiez, ce qu'il faut que chacun sache c'est l'activité déployée par les Liquidateurs, *pour obtenir à tout prix*, fût-ce par défaut, *une condamnation*, qui leur permît d'invoquer une décision judiciaire pour vous tromper, et rompre l'harmonie qui nous unit.

Aussi ont-ils hâté la fermeture du rapport par défaut qu'ils faisaient faire par M. Riollet.

Armés de ce rapport par défaut, ils ont facilement obtenu du Tribunal de commerce un premier jugement par défaut ; puis, à peine y ai-je fait opposition, que, *sans même attendre vingt-quatre heures, j'étais assigné en débouté d'opposition.*

Cet empressement s'explique par cette circonstance, que les Liquidateurs savaient que le Tribunal arbitral fonctionnait et jugeait parallèlement les mêmes faits; et ils voulaient empêcher que la vérité n'arrivât au Tribunal de commerce. Voilà pourquoi ils se hâtaient. Une seconde condamnation par défaut, faisant une sorte de figure de jugement contradictoire, devait leur permettre la petite manœuvre qu'ils ont employée à dessein de me déconsidérer dans votre esprit.

Mais la simple narration des faits suffit pour renverser tout cet échafaudage.

A l'audience du Tribunal de commerce où ce jugement par défaut a été rendu, l'avocat de vos Commissaires, Me Andral, joignant ses efforts aux miens, demandait, pour la première fois, une remise. Il disait « qu'il avait » le dossier tout récemment; qu'il ne l'avait pas encore » suffisamment étudié. Il ajoutait « qu'en pareille cir- » constance il était sans exemple qu'un Tribunal » eût refusé de remettre une affaire. »

Aux Liquidateurs, qui insistaient pour obtenir un jugement immédiat, il répondait : « Je me présente au » nom de plus de 1,400 actionnaires, porteurs de » 60,000 actions, et vous n'avez été nommés qu'à la » requête de trois actionnaires, porteurs ensemble de » 40 actions : vous n'êtes donc pas les véritables repré- » sentants des actionnaires... »

Enfin Me Nouguier, mon avocat, avait fait parvenir au Tribunal la lettre suivante :

A M. Denière président du Tribunal de commerce.

» Monsieur le président.

» M. Mirès m'a prié, et j'ai accepté, de plaider devant vous » la question du règlement de ses comptes avec son ancienne » société. — Cette question est soumise à des juridictions » qui procèdent parallèlement à son examen : au Tribunal » de commerce, qui a rendu un jugement par défaut, et à un » tribunal arbitral composé de MM. Berryer, Marie et Carré, » ancien conseiller à la Cour. Ce tribunal arbitral vient de » rendre une sentence qui prononce sur les trois questions » les plus importantes, et cette décision, si grave par le ca- » ractère de ceux qui l'ont rendue, sera nécessairement un

» des éléments essentiels de la discussion qui devra s'agiter » devant vous. — Or cette sentence, je ne l'ai pas encore, » elle est sous presse, et je n'ai pu la méditer.

» Dans cette situation, une remise est absolument indis- » pensable, et comme le Tribunal ne recherche que la vé- » rité, je ne puis croire que votre justice me la refuse.

» D'un autre côté, une expertise confiée à des hommes » compétents a été ordonnée et doit comprendre les chefs » sur lesquels il n'a pas été possible de statuer immédiate- » ment. — Si, devant votre Tribunal, MM. les Liquidateurs » entendent insister sur les points déférés à l'appréciation » de ces experts, le débat ne pourra être complet, c'est-à- » dire loyal et utile, que lorsque cette expertise aura eu » lieu.

» Si, au contraire, MM les Liquidateurs, comme ils en ont » manifesté l'intention aux Commissaires des actionnaires, » restreignent leurs prétentions aux points qui ont fait l'ob- » jet du jugement par défaut, je serai en mesure de leur » répondre, je l'espère, dans quinze jours, la sentence arbi- » trale à la main.

» Je viens donc, Monsieur le président, vous demander » une remise nécessaire, et ce sera la dernière si le débat » reste ainsi limité.

» La demande d'une provision déférée en ce moment au » Tribunal par M. Mirès est comprise dans la remise que » j'ai l'honneur, Monsieur le président, de réclamer de vo- » tre bienveillance.

» Daignez agréer, Monsieur le président, l'assurance de » mes respectueux sentiments.

» (*Signé*) Louis Nouguier.

» Lundi 30 mai 1864. »

Sans avoir égard à aucune de ces considérations, qui me semblent encore si puissantes, le Tribunal, faisant droit aux instances réitérées des Liquidateurs, et jugeant par défaut, a rendu le jugement qu'ils vous ont adressé.

Vos intérêts, que je défends, ne me permettent pas de discuter actuellement les termes de ce jugement,

que contredit dans toutes ses parties la sentence arbitrale rendue par MM. Berryer, Marie et Carré, sentence de laquelle il résulte que je suis créancier de la Société d'environ 4 millions.

MM. les Commissaires ont tout vu, tout examiné, et c'est après avoir acquis la conviction matérielle que je suis créancier de la Société, qu'ils vous ont adressé la Lettre publiée en tête de la sentence arbitrale.

Cette Lettre finit ainsi :

« M. Mirès reste encore créancier de 3,983,684 fr. » 12 c.

» Maintenant, Messieurs, quatre réclamations restent » à juger après expertise.

» M. Mirès affirme qu'elles sont aussi peu fondées » que les premières : nous aurons à nous prononcer » sur ces divers chefs et à prendre des conclusions » en votre nom, lorsque le travail des experts nous » sera connu.

» Mais comme ces réclamations ne représentent en» semble qu'une somme d'environ 2 millions, alors » même qu'elles seraient mises à la charge de votre » gérant, ce dernier n'en restera pas moins le créancier » de la Société. »

Ces explications suffisent pour déjouer la tentative faite par nos Liquidateurs afin de surprendre votre bonne foi et altérer les sentiments de sympathie qui nous unissent.

§ II

Je ne me serais pas étendu davantage sur les quesions qui me sont personnelles, s'il ne s'était produit un fait très-grave pendant que MM. les Commissaires aisaient leur vérification. Ce fait contribuera à éclairer l'opinion publique et la magistrature sur le caractère

des décisions que MM. Bordeaux et Richardière ont provoquées.

Je vous ai dit plus haut par quels moyens ils ont obtenu les arrêts rendus en janvier dernier par la Cour impériale de Paris. Je vous ai dit que ces mêmes moyens avaient été précédemment employés devant les tribunaux de première instance, et je vous ai fait remarquer que c'est par l'énoncé de faits faux qu'ils ont surpris la religion des magistrats.

Devant M. Riollet et le Tribunal de commerce, ce système était plus facile, puisque nos Liquidateurs n'y rencontraient pas de contradicteurs; et si j'en juge par la tentative qu'ils ont faite pour tromper vos Commissaires, il n'est pas douteux qu'ils ont usé auprès de M. Riollet des mêmes procédés qui leur avaient si bien réussi devant les tribunaux civils.

§ III

Quoique MM. les Commissaires aient porté le même fait à votre connaissance, permettez-moi néanmoins de vous le redire : Il exprime à lui seul tout le caractère, toute l'industrie, tout le but de la liquidation.

En décembre 1860, au moment où la souscription à l'Emprunt ottoman était ouverte, notre Société, pour relever son crédit, qui était atteint en même temps par des notes officielles et par la dénonciation Pontalba, achetait un certain nombre d'actions de la Caisse. Vous connaissez cette circonstance, si formellement reconnue et consignée par MM. Berryer, Marie et Carré, dans leur sentence arbitrale.

Ce point étant le plus important des prétentions des Liquidateurs, MM. les Commissaires ont voulu l'examiner au début de leurs vérifications.

C'est à ce moment que M. Bordeaux leur a déclaré

que ces actions avaient été achetées pour remplacer les actions des clients de la Société qui avaient été vendues par les gérants en 1857 *et* 1858. Cette accusation est littéralement reproduite dans le rapport de M. Riollet.

Je demandai sur-le-champ des vérifications complètes. Grâce à l'activité, à l'insistance de vos Commissaires, un examen approfondi eut lieu immédiatement, et il fut établi d'une façon incontestable :

1° Que les actions de la Caisse dues aux clients s'élevaient au nombre de 9,032 ;

2° Qu'il y avait dans le portefeuille social, le 3 décembre 1860, avant qu'aucun achat eût été opéré, 10,080 actions.

Le fait allégué par M. Bordeaux était donc radicalement faux,

Voilà cependant d'après quelles déclarations M. Riollet a fait son rapport et le Tribunal de commerce a rendu deux jugements !

Ainsi, Messieurs, vous et moi, avons été traités de la même façon par les Liqnidateurs. C'est en vertu de leurs fausses déclarations que les Tribunaux civils et le Tribunal de commerce nous ont condamnés !

§ IV

MM. Berryer, Marie et Carré, dans leur sentence arbitrale, n'ont jugé que les réclamations des Liquidateurs qui, par leur caractère, pouvaient être décidées sans examen des livres.

Pour les points qui restent à juger, MM. les arbitres ont ordonné une expertise des livres, et nommé trois experts comptables.

Les arbitres, la Commission et moi, aurions voulu

confier cette expertise à des chefs de comptabilité de nos grandes sociétés financières.

Des démarches faites auprès des chefs de comptabilité de la Banque de France, du Crédit industriel et du Comptoir d'escompte, pour obtenir leur concours, ont été favorablement accueillies; mais ces comptables demandaient l'autorisation préalable de leur administration, et elle ne leur a pas été donnée.

Quoi qu'il en soit, devant un obstacle qui n'avait pas été prévu, le choix de MM. les arbitres s'est porté sur trois experts comptables étrangers aux administrations officielles, mais dont l'honorabilité et les lumières offrent sous tous les rapports des garanties complètes.

Dès que cette expertise sera faite, lorsque MM. les arbitres auront rendu leur décision sur les points soumis à la vérification des experts, alors je vous convoquerai.

Vous aurez à votre disposition les documents les plus complets pour apprécier ma gestion, vous saurez ce qu'elle a été, vous jugerez en connaissance de cause, et je crois, Messieurs, que ce jour-là mon dévouement à vos intérêts recevra la noble récompense qu'il a desiré.

QUATRIÈME PARTIE

MA FORTUNE

I

Lorsque la plus haute magistrature d'un pays a frappé un homme dans son honneur, si l'offense est

méritée, il doit s'incliner et se repentir, racheter son passé par une existence exemplaire, afin de reconquérir l'estime qu'il a perdue.

Si les magistrats se sont trompés, si une flétrissure a été par erreur infligée à un honnête homme, sa vie entière doit être consacrée à obtenir la réparation qui lui est due. Il peut faire le sacrifice de son existence et de sa fortune : il doit défendre son honneur jusqu'à son dernier soupir.

Qu'importe que l'offense ait été faite hors de sa présence, qu'elle ait eu pour prétexte ou excuse l'intérêt de la loi ! ces fictions sont puériles, l'honneur ne les admet pas ; que l'offense ait été directe ou indirecte, celui qui la subit en silence, la mérite !

Cette situation serait la mienne si je gardais le silence, si je laissais subsister dans les recueils judiciaires l'erreur commise par la Cour de cassation et qui porte la date du 28 juin 1862.

On me dit qu'il n'y a aucun recours possible. Telle n'est pas mon opinion : il n'y a pas de droit contre le droit, et cet axiome est ma sauvegarde pour l'avenir.

§ 11

Cet arrêt, Messieurs, oppose à la réparation qui vous est due, un obstacle qui serait insurmontable, si un reproche quelconque pouvait peser sur moi, et si j'avais recueilli une fortune là où vous avez trouvé la ruine.

Sur cette question de ma fortune, sachez donc, Messieurs, ce qu'il en a été, ce qu'il en est.

En septembre 1848, je suis devenu, à fort bon marché, l'un des propriétaires du *Journal des chemins de fer* qui avait cessé de paraître depuis le mois de juillet.

J'ai acheté le *Journal le Pays* en 1850.

J'ai acheté le *Constitutionnel* en novembre 1852.

J'ai fondé la Caisse des actions réunies en 1850 et je l'ai liquidée en 1853 par le remboursement du capital, après avoir distribué 96 pour 100 aux actionnaires.

En 1853, j'ai vendu à M. Blaise, le journal des *Chemins de fer* et la maison de banque que j'avais fondée.

A cette même époque cessa la société de fait qui existait entre M. Millaud et moi. Les actes passés alors prouvent que nous possédions chacun une fortune de quatre millions.

Cette situation a été constatée dans l'instruction judiciaire.

Indépendamment de ces quatre millions, j'étais propriétaire de la direction politique et de la gérance des journaux *le Constitutionnel* et *le Pays*.

§ III

Les quatre millions que je possédais étaient représentés par les deux immeubles de la rue Neuve-des-Mathurins 37 et 39. L'une de ces propriétés achetée un million, l'autre 450,000 francs. Le reste en diverses valeurs mobilières.

Pendant sept années, j'ai eu un revenu de plus de 200,000 francs, et je dépensais à peine 60,000 francs par an.

De sorte qu'en ajoutant aux quatre millions, et à la propriété des journaux *le Constitutionnel* et *le Pays* :

1° La plus-value acquise par les deux immeubles ;

2° Sept années d'économies sur un revenu de plus de deux cent mille francs, il en résulte que ma fortune devrait s'élever à huit millions.

Or elle est aujourd'hui réduite aux deux immeubles de la rue Neuve-des-Mathurins, nos 37 et 39, dont

l'un a été donné en dot à ma fille la princesse Alp. de Polignac, l'autre est saisi par les Liquidateurs

Voilà l'unique débris de la fortune que l'envie faisait si monstrueuse, voilà la fortune qui a excité tant de passions.

Je sais bien que la calomnie élèvera la voix pour contester la vérité de mon langage; mais ceux que la passion n'aveugle pas, se souviendront que, créancier de la Société, au 31 décembre 1860, de sept millions, cette somme a été engloutie dans notre catastrophe; et enfin cette réflexion se présentera à l'esprit de tous: lorsque rien ne m'oblige à de tels aveux, les publier serait insensé de ma part si je pouvais être contredit!...

Ma créance et les versements que j'avais opérés dans la caisse sociale, après la descente judiciaire du 15 décembre, constituaient tellement l'intégralité de ma fortune que, dans la cellule de Mazas, j'étais littéralement sans ressources pour défendre mon honneur.

L'amitié me vint en aide.

Un homme que j'aime et vénère, dont l'amitié a été une de mes grandes consolations avait désiré s'intéresser dans une petite affaire qui lui était particulièrement connue. Cet ami m'avait emprunté pour cet objet, en 1859, une somme de 150,000 francs.

Dès qu'il connut l'affreuse situation où j'étais réduit et l'étrange embarras dans lequel je me trouvais, il rompit l'association qu'il avait formée et me remboursa.

Voilà, Messieurs, comment j'ai pu suffire à mes premières dépenses.

Quand on se résigne à publier de telles confidences, on ne doit rien dissimuler, et j'ai dit à vos Commissaires le nom de l'ami qui m'a rendu ce service immense.

Mais cette somme n'a pu suffire aux dépenses auxquelles j'ai dû pourvoir, notamment depuis l'arrêt de la Cour de Douai.

Ces dépenses, Messieurs, se sont élevées ensemble, à plus de 500,000 francs, et j'y ai suffi en vendant, moyennant 400,000 francs, à M. Grandguillot, la gérance et la direction politique des journaux *le Constitutionnel* et *le Pays*.

Cette somme de 550,000 fr. que j'ai pu ainsi réaliser, je l'ai employée en totalité à la défense de mon honneur et de vos intérêts.

Vous le savez, Messieurs, voilà bientôt quatre ans que dure la lutte que je subis, et dans cette période de temps l'importance des procès que j'ai subis, les frais de publicité et d'impression que j'ai dû faire ont été bien considérables.

Au mois de mai 1862, lorsque j'ai entrepris, uniquement dans votre intérêt, une opération financière de 200 millions, M. de Salamanca voulut bien mettre à ma disposition la maison où avait été le siége de notre Société, qu'il a acquise de nos Liquidateurs.

Mais pour rendre cette maison habitable, il fallait faire de très-grosses dépenses, car les Liquidateurs l'avaient laissée dans un état de dégradation inouï.

Quant au mobilier, il avait été transporté dans les salles des commissaires-priseurs et vendu à vil prix ; il fallait donc le renouveler en totalité.

En résumé, Messieurs, j'ai remis dans les mains de la Commission l'état général des dépenses que j'ai faites dans votre intérêt et pour ma défense ; elles s'élèvent ensemble à environ 600,000 fr.

Cet exposé vous fait connaître, Messieurs, que mes ressources sont à peu près épuisées. Dans ces derniers mois j'ai sollicité du Tribunal de commerce l'autorisation, à titre de provision, de retirer de la Caisse des dépôts et consignations une somme de 270,000 francs, provenant de l'indemnité que la Ville m'a payée, pour l'expropriation d'une partie de ma propriété de la rue Neuve-des-Mathurins, n° 39.

Cette somme de 270,000 francs, l'unique ressource

dont je puisse disposer, a été saisie par nos Liquidateurs. et ils s'opposent à ce qu'elle me soit délivrée.

Si vous considérez que la presque totalité de mes dépenses a pour but la défense de vos intérêts ; que c'est à ma seule intervention que nous devons l'admission de nos pourvois par la Cour de cassation, vous conviendrez que j'aurais pu justement réclamer une provision sur la somme disponible que nos Liquidateurs détiennent.

Je ne l'ai pas fait, je n'ai demandé à toucher que ce qui m'appartenait personnellement; cependant, je n'ai rien pu obtenir du Tribunal de commerce, par suite de l'opposition que nos Liquidateurs ont faite à ma demande.

Le but que poursuivent nos Liquidateurs c'est, vous le comprenez, l'anéantissement de mes ressources. Ils espèrent ainsi mettre un terme à la lutte que j'ai engagée. Ils croient que mon honneur succombera et qu'ils échapperont aux responsabilités qu'ils ont encourues.

Ils se heurtent à des sentiments plus forts qu'eux. La lettre suivante, que j'ai reçue de ma fille, sera un avertissement pour eux, en même temps quelle est une consolation pour moi. Pour la défense de mon honneur, tout ce qui appartient à ma famille périra s'il le faut

« Cher père, voici encore une condamnation ! Le » Tribunal de commerce te refuse le temps de te dé- » fendre, comme d'autres t'ont refusé une expertise » contradictoire ! Espère-t-on te lasser? L'expérience aurait dû leur apprendre que ton courage ne faiblit » pas ; ils t'ont ruiné et ils espèrent peut-être que tes » ressources épuisées, t'empêcheront de continuer la » lutte que tu as entreprise pour faire triompher la » vérité et la justice.

» Ils oublient que le malheur qui m'a frappée m'a » rendu maîtresse de la fortune que tu m'as donnée :

» elle sera consacrée à ta défense, dût-elle disparaître
» dans le gouffre, ton honneur n'y tombera pas !

» Soutiens ta juste cause, appuyé sur ta fille pleine
» de respect, de dévouement et de tendresse !

» AMÉLIE

» Juin 1864. »

CONCLUSION

Je me suis appliqué, dans ce long rapport, à bien mettre en lumière vos droits à une réparation. Comment l'obtiendrez-vous? Je ne le sais pas.

Mais il suffit que la réparation soit reconnue juste, pour être aussitôt proclamée nécessaire. Alors elle sera possible, c'est à dire accomplie.

Le commencement de la réparation, Messieurs, c'est la faculté pour vous de reprendre le gouvernement de vos affaires, de les confier à qui vous voudrez, c'est la faculté pour moi de pouvoir accepter votre mandat, de pouvoir travailler à reconstituer votre capital.

Je ne dirai pas ce que je compte faire pour reconquérir ce lourd capital de 40 à 50 millions. Je ne pourrai que présenter des idées qui n'ont pas reçu peut-être leur dernière forme, et qui d'ailleurs ne seraient plus à moi dès que je les aurais divulguées.

Je ne suis pas, du reste, dans une condition normale. De légitimes craintes balancent la faveur avec laquelle mes projets pourraient être accueillis. Mais lorsque des signes qui ne trompent pas m'auront averti et auront averti tout le monde qu'enfin l'opinion a triomphé, qu'il n'y a plus de parti pris contre nous ni contre moi, plus d'embûches, plus de coups violents à redouter ; qu'au contraire l'œuvre de la réparation est désirée et favorisée, alors, Messieurs, je crois sincè-

rement qu'aussitôt nous pourrons prendre un grand essor dont nous ne serons pas seuls à profiter.

Et j'ajoute que ces dispositions, qui nous sont si nécessaires, ne peuvent tarder à se manifester, parce que nos malheurs sont immérités, parce que notre cause est juste et que bientôt tout le monde en conviendra.

Non, il n'est pas possible, Messieurs, qu'un homme puisse dire ce que je vous ai dit, ce que vous avez entendu, et qu'il n'en résulte rien de favorable pour vous. Ce n'est pas votre intérêt seulement, un intérêt d'humanité, déjà si considérable, c'est l'intérêt de la justice, l'intérêt et la sécurité de toutes les affaires, c'est l'intérêt même de la société qui exige qu'on mette un terme à la situation qui nous est faite.

Pour pourvoir au plus pressant, il faut obtenir la retraite des mandataires judiciaires qui trônent chez nous, malgré nous, contre nous; au mépris de l'arrêt souverain de la Cour de Douai. Vous n'avez rien de plus à faire pour le moment.

Sans doute, cette retraite peut vous être refusée. Vous n'avez pas demandé ces Liquidateurs, vous ne les avez pas acceptés, vous ne pouvez pas les renvoyer. Mais votre vœu sera puissant. Après les faits véritablement énormes que je vous ai signalés, en présence des désastres accumulés par cette gestion tout au moins inintelligente, si elle n'est pas coupable, je ne crois pas que l'inconcevable crédit des Liquidateurs puisse prévaloir contre nos droits et la justice évidente de vos réclamations.

Si cependant notre attente est encore trompée, si les Liquidateurs restent maîtres chez nous, eh bien, Messieurs, il faut le dire d'avance, ce sera probablement fini. Cette longue agonie d'une société si prospère et si barbarement frappée, s'achèvera par ce dernier coup. La ruine sera consommée, absolue, san

retour. L'arbre a été coupé, la racine sera arrachée vous ne vous relèverez pas.

Vous perdrez les diverses sommes qui vous restent dues, vous n'obtiendrez même pas de rectifier les erreurs commises à votre préjudice par l'indifférence et l'apathie de ceux qui étaient chargés de vous protéger.

Mais, je me hâte de le dire, cette éventualité, me paraît si excessive, elle insulte si violemment au droit, à l'infortune, à l'ordre social même, elle écraserait si durement des réclamations trop manifestement justes et fondées, qu'elle ne peut être admise.

Vous obtiendrez justice, Messieurs, j'en ai la conviction profonde, ayez la même confiance, armez-vous contre toute défaillance et bientôt nous serons tous récompensés de notre foi dans le triomphe de la vérité.

www.ingramcontent.com/pod-product-compliance
Ingram Content Group UK Ltd.
Pitfield, Milton Keynes, MK11 3LW, UK
UKHW020954230726
13923UKWH00007B/309

9 782019 301774